Huang-po

Geist ist Buddha

Gedanken beruhigen mit Zen

Angkor Verlag

Geist ist Buddha. Gedanken beruhigen mit Zen./Huang-po (Huangbo Xiyun, jap. Ôbaku Kiun, gest. 850). Deutsch von Keller, Guido. – Frankfurt: Angkor Verlag 2015.

Cover: Soll den 37-jährigen Huang-po zeigen.
Lektorat: Susanne König
Website Verlag: www.angkor-verlag.de
Herstellung: Books on Demand GmbH

ISBN: 978-3-943839-28-9
E-Book: 978-3-943839-29-6

Inhalt

Einleitung

Huang-po Hsi-yün (Huangbo Xiyun, jap. Ôbaku Kiun, gest. 850) war einer der größten chinesischen Chan-Meister und Lehrer von Lin-chi I-hsüan (jap. Rinzai Gigen). Schon in jungen Jahren trat er in ein Kloster ein, sein wichtigster Lehrer wurde Paichang Huai-hai.

Dieser Hsi-yün („der Rastlose") vom Berg Huang-po (einem Hügel mit Bäumen, deren Rinde gelb ist), war ein Vertreter der Hungchou Schule, im Gegensatz zur damals einflussreichsten Chan-Schule der Ho-tse. Er stammte aus Fu-chou in der heutigen Provinz Fukien.

Huang-pos Lehre vom Einen GEIST soll den Schüler zur unmittelbaren und individuellen Erkenntnis der Wahrheit führen, ohne dass gedankliche Konzepte oder Gefühle im Weg stehen. Der Staatsdiener P'ei Hsiu zeichnete seine Lehren (in Chung-ling und Wan-ling) auf. Sie bestehen aus Dialogen mit Schülern, Anekdoten und Unterweisungen des Zen-Meisters.

P'ei Hsiu kam 842 mit richterlichen Befugnissen nach Chung-ling, um Revolten im Keim zu ersticken. Er hörte von Huang-po und brachte ihn in Chung-ling in einem großen Kloster unter, wo er zu dessen

Schüler wurde. Bei der späteren Begegnung war er bereits Kriegsminister. Er soll auch Grabinschriften, u. a. für Tsung-mi, verfasst haben.

Wahrer Dharma und Buddha sind für Huang-po identisch mit ursprünglichem, reinen GEIST. [Wir folgen hier der Schreibweise des Dharma-Lehrers Lok To, der diesen GEIST in seiner Übersetzung groß schrieb, den gewöhnlichen Gedankenapparat „Geist" jedoch klein.*] Wer den Dharma in Worten zu erfassen suche, würde ihn nicht erlangen.

Huang-po bezieht sich aufs Lotus- und Vimalakîrti-Sutra. Die Gegenwart des GEISTES *(hsin-ti)* in allen Wesen lehnt sich ans Lankâvatâra-Sutra an. Von dort stammt auch seine Unterscheidung der *icchantika,* Menschen, denen keine Einsicht möglich sei: Die erste Art *(tuan-shan-ken chan-t'i)* glaubt nicht an die Buddha-Früchte und hat die Wurzeln ihrer Güte abgeschnitten; die zweite Art *(shan-ken chan-t'i)* beschreibt Bodhisattvas, die an den Dharma glauben, aber dafür blind

---

* Lok To: *The Dharma of Mind Transmission. Zen-Teachings of Huang-po* (New York 1985). Eine interessante Dissertation zu diesem Text schrieb Albert Franklin Welter: *Huang-po's Notion of Mind* (Hamilton/Ontario 1978).

sind, dass sich die Fahrzeuge unterscheiden und dass Buddhas und fühlende Wesen dieselbe Natur haben – dies sind die *icchantika* der guten Wurzeln.

Huang-po setzt den *Dharmakâya* als Essenz aller „Buddha-Körper“ mit der Selbst-Natur der Wesen gleich; er sei der „wahre Buddha“. Das „höchste Fahrzeug“ sei das des Einen GEISTES. Der Buddha habe aufgrund der mangelnden Auffassungsgabe seiner Zuhörer mit seinen Reden „geschickte Mittel“ gewählt, um sie der letzten Wahrheit näherzubringen. Diese Überlieferung gäbe jedoch nicht die eigentliche Tiefe von Buddhas Erkenntnis wieder.

Es gibt vier Versionen unserer Texte: zwei von P'ei Hsiu, die die Einteilung in Chün chou- und Wan-ling lu-Abschnitte enthalten, wobei der zweite Abschnitt in der ersten Version (T. 48, Nr. 2012A und 2012B) deutlich kürzer ausfällt. Die älteste Fassung in T. 51, Nr. 2076 stammt aus dem *Ching-te ch'uan-teng lu,* dem sie im Jahr 1004, also knapp 150 Jahre nach Huang-pos Tod, hinzugefügt wurde. Der zweite Abschnitt der anderen beiden Versionen fehlt dort ganz, der erste ist kürzer als dort. Dagegen fehlt in einer weiteren Version, die sich im *Ku-tsun su-yü lu* findet, das Vorwort von P'ei Hsiu und der erste Abschnitt, während der zweite Abschnitt noch kürzer als der im *Ching-te ch'uan-teng lu* ausfällt. Diese Fassung dürfte ca. 1271 entstanden sein. Die englischen Fassungen von John Blofeld, die bisher ins Deutsche übersetzt wurden, orientieren sich an der zweiten (ausführlichen) Version von P'ei Hsiu, während die von Charles Luk (und deren deutsche Übersetzung von Raoul von Muralt) die letztgenannte Version benutzte, Walter Liebenthal die drittgenannte.

Wir legen nun eine neue Übersetzung der langen Version vor.

G. K.

Der große Chan-Meister, dessen Dharma-Name Hsi Yun war, wohnte unterhalb des Geiergipfels auf dem Berg Huang-po, der sich im Bezirk Kao-An in Hung-Chou befindet. Er war der Hauptschüler von Ts'ao-Ch'i, dem sechsten Patriarchen, und der Dharma-Erbe von Pai-Chang. Er bewunderte das Höchste Mahâyâna-Fahrzeug und besiegelte es ohne Worte, indem er nur die Übertragung des GEISTES lehrte, aber keinen wie auch immer gearteten Dharma. Er hielt GEIST und Essenz für leer und die gegenseitigen Beziehungen der Phänomene für bewegungslos. Demnach ist alles in Wirklichkeit leer und still wie das strahlende Licht der großen Sonne am Himmel, die leuchtend und rein für die ganze Welt scheint. Wenn jemand ein solches Verständnis erlangt hat, dann hält er an keinem gedanklichen Konzept von Gegensätzen mehr fest, etwa neu gegen alt oder flach gegen tief. Wenn jemand ein solches Verständnis erlangt hat, dann versucht er es nicht zu erklären, noch hält er an parteiischen Ansichten fest, was bestimmte Schulen angeht. Selbst einen einzigen Gedanken auftauchen zu lassen ist also falsch. Huang-po machte klar, dass der tiefe Sinn hinter Worten das subtile Tao ist, dessen Wirken verborgen und gleichmäßig geschieht.

Aus allen vier Richtungen kamen zahlreiche Schüler zu ihm. Die meisten von ihnen erwachten bereits beim ersten Anblick des Meisters. Gewöhnlich hatte er stets mehr als tausend Schüler um sich geschart.

Im zweiten Jahr des Hui-Ch'ang (842) hielt ich mich in Chung-Ling auf und bat den Meister, vom Berg hinab in die Stadt zu kommen. Während wir beide im Lung-Hsing-Tempel weilten, bat ich den Meister jeden Tag darum, mir seine Lehre zu vermitteln. Im zweiten Jahr des Ta-Chung (848) hielt ich mich in Wan-Ling auf und bat den Meister erneut in die Stadt. Dort weilten wir gemeinsam im K'ai-Yuan-Tempel, und ich empfing täglich die Lehre des Meisters. Ein paar Jahre später zeichnete ich diese auf, konnte mich jedoch nur an einen kleinen Teil erinnern. Dennoch halte ich das, was ich im Folgenden notiert habe, für das echte Dharma des GEIST-Siegels. Anfangs hatte ich Bedenken, diese Lehre bekannt zu machen; dann aber fürchtete ich, dass künftige Wahrheitssucher nichts von dieser wundervollen und tiefgründigen Lehre erführen, und entschied mich, sie zu veröffentlichen.

Mit diesem Gedanken sandte ich das Manuskript an Tai-Chou Fa-Chien, einen Schüler des Meisters, mit der Bitte, in den Kuang-T'ang-Tempel auf dem alten Berg zurückzukehren und meine Aufzeichnungen mit gewissen älteren Mönchen und anderen Sangha-Mitgliedern zu besprechen; sie sollten feststellen, inwieweit meine Notizen mit dem übereinstimmten, was sie selbst vom Meister gehört und gelernt hatten.

Am achten Tag des zehnten Mondes im elften Jahr des Ta-Chung, Tang-Dynastie (857)

Aufzeichnungen aus Chung-Ling (Chün-chou lu)

Die Buddhas und fühlenden Wesen sind allesamt nicht verschieden vom Einen GEIST. In diesem Einen GEIST gibt es kein Entstehen oder Vergehen, keinen Namen und keine Form, kein lang oder kurz, kein groß oder klein und weder Existenz noch Nicht-Existenz. Er überschreitet alle Einschränkungen von Namen, Worten und Bedingtheit, und er ist grenzenlos wie die große Leere. Gedanken entstehen zu lassen ist abwegig, und jede Spekulation mithilfe unserer gewöhnlichen Fähigkeiten ist ungeeignet, unbedeutend und unzutreffend. Nur GEIST ist Buddha, Buddhas und fühlende Wesen sind nicht verschieden. Nutzt man Buddha, um Buddha zu suchen, so verwendet man den Geist, um GEIST zu suchen: Selbst wenn man so bis ans Ende der Zeiten übte, könnte man die Frucht nicht erlangen. Wenn jedoch Denken und Unterscheiden plötzlich zum Stillstand kommen, dann erscheinen die Buddhas.

Der GEIST ist Buddha, und Buddha ist von fühlenden Wesen nicht verschieden. Der GEIST fühlender Wesen nimmt nicht ab, der GEIST Buddhas nimmt nicht zu. Die sechs Tugenden und alle Verhaltensregeln, die so zahllos wie die Sandkörner des Ganges sind, gehören zum eigenen Geist. Darum gibt es keinen Grund, außerhalb von sich selbst zu suchen, um sie zu erschaffen. Wenn Ursachen und Bedingungen zusammenkommen, werden sie erscheinen; wenn Ursachen und Bedingungen sich trennen, verschwinden sie. Wenn einer also nicht versteht, dass sein eigener GEIST selbst Buddha ist, dann wird er bloß die äußere Form der Übung erfassen und noch mehr Verwirrung erzeugen. Ein solcher Ansatz stellt genau das Gegenteil des wahren buddhistischen Übungsweges dar. Nur dieser GEIST allein ist Buddha, nichts anderes!

Der GEIST ist durchsichtig und ohne Form. Gedanken und Unterscheiden entstehen zu lassen bedeutet Ergreifen und widerspricht dem natürlichen Dharma. Seit anfangsloser Zeit gab es keinen ergreifenden Buddha. Die Übung der sechs Tugenden und anderer Vorschriften gilt als allmähliche Methode, ein Buddha zu werden. Diese stufenweise Übung ist ein Nebengedanke, der nicht den vollständigen Pfad zum Erwachen darstellt. Wenn einer nicht versteht, dass sein eigener GEIST Buddha ist, dann wird er überhaupt keinen Dharma erlangen.

Die Buddhas und fühlenden Wesen besitzen den gleichen wesentlichen GEIST, der die Natur wahrer Leere weder vermischt noch aufteilt. Wenn die Sonne in die vier Richtungen scheint, wird die Welt hell, doch wahre Leere ist niemals hell. Wenn die Sonne untergeht, wird die Welt dunkel, doch wahre Leere ist niemals dunkel. Die Bereiche von hell und dunkel zerstören einander, doch die Natur der Leere ist klar und ungetrübt. Der Wahre GEIST von Buddhas und fühlenden Wesen ist von derselben Natur.

Wenn jemand meint, der Buddha sei rein, strahlend und befreit, die fühlenden Wesen aber schmutzig, dunkel und im Zyklus des Seins *(samsâra)* verstrickt, und wenn jemand auf Grundlage dieser Ansicht praktiziert, dann wird er niemals Erwachen *(bodhi)* erlangen, selbst wenn er so unzählige Zeitalter wie Sandkörner des Ganges überdauert. Was sowohl für Buddhas als auch für fühlende Wesen existiert, ist der unbedingte GEIST *(asamskrta citta),* der nichts zu erlangen hat. Viele Chan-Schüler verstehen die Natur dieses GEISTES nicht und verwenden ihn, um weitere Gedanken zu erzeugen, ergreifen also die Form und suchen außerhalb von sich selbst. Dies ist ein übler Pfad und nicht der Übungsweg, der zum Erwachen führt.

Jemandem Opfergaben darbringen, der „ohne Geist" ist, übertrifft alle Gaben an zahllose Andere. Warum ist dies so? Weil wir ohne Geist den unbedingten Buddha haben, der weder Bewegung noch Hindernis kennt. Dies allein ist wahre Leere, weder aktiv noch passiv, ohne Form und Ort, ohne Gewinn und Verlust.

Der Bodhisattva Manjushrî symbolisiert große Essenz (Prinzip), der Bodhisattva Samantabhadra großes Wirken (Handeln). Essenz bedeutet Leere, ohne Hindernis zu sein; Wirken bedeutet Formlosigkeit, unerschöpflich zu sein. Der Bodhisattva Avalokiteshvara symbolisiert großes Mitempfinden *(mahâkarunâ),* der Bodhisattva Mahasthama große Weisheit *(mahâprajnâ).* Vimalakîrti bedeutet „reiner Name". Reinheit ist Natur und Name ist Form. Diese großen Bodhisattvas symbolisieren jene heilsamen Eigenschaften und Vollkommenheiten, die alle von uns wesentlich besitzen. Außerhalb unserer selbst gibt es keinen GEIST, nach dem wir suchen müssten. Indem sie verstehen: „So ist es!", erwachen die Menschen unmittelbar, statt außerhalb zu suchen und Formen zu ergreifen. Wer Letzteres tut, der fürchtet das Versagen und kann darum den Bereich der Versenkung *(dhyâna)* nicht betreten; er erlebt Machtlosigkeit und Enttäuschung und kehrt zu intellektuellem Verständnis und Wissen zurück. Viele Schüler streben demzufolge nach doktrinärem und rationalem Verständnis, doch wenige erlangen das Stadium Wahren Erwachens; in ihrem Irrtum schreiten sie bloß in die dem Erwachen *(bodhi)* entgegengesetzte Richtung fort.

Man sollte die große Erde nachahmen: Alle Buddhas, Bodhisattvas, Götter *(deva)* und Menschen schreiten auf der Erde, doch die Erde freut sich nicht daran; alle Schafe, Ochsen, Ameisen usw. treten auf die Erde, doch sie wird nicht wütend; obgleich sie mit Juwelen und seltenen Düften geschmückt ist, lässt die Erde keine Gier aufkommen; trotz Exkrementen und fauligem Gestank hegt sie keinen Hass und keinen Abscheu. Der unbedingte GEIST ist ohne ergreifende Gedanken, jenseits der Form. Die Buddhas und fühlenden Wesen sind genau so, der Vollständig Erwachte GEIST ist genau so. Wenn die Schüler des Dharma nicht augenblicklich vom bedingten Geist lassen können und stattdessen auf andere Art üben, werden viele Zeitalter vergehen, ohne dass sie erwachen; weil sie von ihren Gedanken an die Verdienste der Drei Fahrzeuge gebunden sind, erlangen sie keine echte Befreiung.

Einige Schüler erreichen das Stadium des befreiten Geistes schnell, einige langsam. Beim Hören einer Dharma-Rede erlangen einige unmittelbar „Nicht-Geist“. Dagegen müssen andere erst allmählich die zehn Stufen des Bodhisattva-Glaubens und der Bodhisattva-Entwicklung *(dashabhûmi)* und die zehn Stufen vor dem Erlangen des Vollständig erwachten GEISTES durchlaufen. Ob es nun lange oder kurz dauert, ist „Nicht-Geist“ einmal erlangt, kann er nicht mehr verloren gehen. Da nichts mehr zu üben oder zu erlangen ist, erkennt man, dass dieser „Nicht-Geist“ wahrer und nicht falscher GEIST ist. Ob man dieses Stadium zügig erlangt oder indem man die verschiedenen Stufen der Bodhisattva-Entwicklung durchläuft, das Erlangen von „Nicht-Geist“ kann nicht mit Begriffen wie flach oder tief charakterisiert werden. Schüler, die diese Erkenntnis und diese Befreiung nicht gewinnen, werden weiter heilsame wie unheilsame geistige Zustände erzeugen, in denen sie Form ergreifen und dadurch weiteres Leiden im Zyklus des Seins *(samsâra)* erzeugen.

Kurzum, nichts ist besser als plötzlich den Ursprünglichen Dharma zu erkennen. Dieser Dharma ist GEIST, und außerhalb des GEISTES gibt es keinen Dharma. Dieser GEIST ist Dharma, und außerhalb des Dharma gibt es keinen GEIST. Selbst-Geist ist „Nicht-Geist“ und doch kein „Nicht-Geist“ [als etwas Seiendes]. Erwecke den Geist zu „Nicht-Geist“ und erlange so stilles und unmittelbares Verständnis. Nur dies!

Ein Chan-Meister sagte: „Unterbreche den Weg der Sprache und zerstöre den Ort des

Denkens!“ Dieser GEIST ist selbst die eigentliche reine Quelle Buddhas, und alle Buddhas, Bodhisattas und fühlenden Wesen besitzen diesen GEIST. Einige Menschen erzeugen aufgrund ihrer Täuschung und Unterscheidung jedoch viele Karma-Früchte. Der ursprüngliche Buddha enthält nichts. Erwacht unmittelbar, tiefgründig und vollständig zu der Leere, dem Frieden, dem Glanz, Wunder und Segen dieses ursprünglichen Buddha!

Das Erlangen von einem, der die Myriaden von Dharma-Türen in den drei Zeitaltern durchschritt und all die Bodhisattva-Stufen erklomm, und das Erlangen von einem, der urplötzlich zum Einen GEIST erwachte, sind gleichwertig. Beide haben einfach ihren Ursprünglichen Buddha erlangt. Die erste Art von Schülern, die allmählich erreicht, blickt beim Erlangen des Ursprünglichen Buddha auf die drei Zeitalter ihrer vergangenen Übung zurück, als würde sie sich selbst betrachten, wie sie ohne Prinzip in einem Traum handelt.

Darum sagte der Buddha: „Es gab tatsächlich keinen Dharma, durch den der Tathâgata Höchstes Erwachen erlangte. Hätte es einen gegeben, dann hätte der Dîpamkara-Buddha [im Diamant-Sutra] nicht mein zukünftiges Erlangen der Buddhaschaft vorhersagen können.*“ Weiter sagte der Buddha: „Dieser Dharma ist universell und unparteiisch, darum heißt er Höchstes Erwachen."

[* Da das höchste Erwachen frei von allen Unterscheidungen in erwacht und nicht-erwacht ist, also bereits von Anfang an – nach Huang-pos Ansicht – im Buddha angelegt gewesen sein muss. Dîpamkaras „Vorhersage" ist also eigentlich eine Bestätigung des bereits Vorhandenen.]

Die vollendete, reine Quelle des GEISTES umfängt alle Buddhas, fühlenden Wesen und die Welt der Berge, Flüsse, Formen und Formlosigkeit. In den zehn Richtungen spiegelt alles die Gleichheit des reinen GEISTES wider, der stets alles universell durchdringt und erleuchtet. Doch diejenigen mit bloß weltlichem Verständnis können diese Wahrheit nicht erkennen und identifizieren darum Sehen, Hören, Fühlen und Denken als Geist; von Sehen, Hören, Berühren und Denken umfangen, kann man jedoch das Strahlen des Ursprünglichen GEISTES nicht erkennen. Wenn plötzlich jemand ohne Geist ist, dann wird Ursprünglicher GEIST wie die große Sonne am Himmel erscheinen und überall ohne Hindernis erleuchten.

Die meisten Dharma-Schüler kennen Sehen, Hören, Berühren und Denken nur als Bewegung und Wirken und erkennen daher den Ursprünglichen GEIST nicht im Augenblick des Sehens, Hörens, Berührens und Denkens. Doch der Ursprüngliche GEIST gehört weder zum Sehen, Hören, Berühren und Denken, noch ist er von diesen getrennt. Der Gedanke, dass da einer sieht, hört, berührt und denkt, entsteht nicht, und doch ist einer nicht verschieden von diesen Aktivitäten. Diese Bewegung benebelt also nicht den GEIST, da dieser weder selbst ein Ding ist noch von den Dingen getrennt. Weder verweilend noch ergreifend, sich frei in jede Richtung bewegen könnend, wird dieser GEIST zum Kreislauf des Erwachens *(bodhimandala)*.

Wenn die Menschen hören, dass alle Buddhas den GEIST-Dharma übermitteln, dann träumen sie, dass es da einen speziellen Dharma gäbe, den sie erlangen könnten; so versuchen sie den GEIST zu nutzen, um den Dharma zu finden, und erkennen nicht, dass dieser GEIST selbst der Dharma ist und der Dharma genau dieser GEIST. Wenn man den Geist verwendet, um mach dem GEIST zu suchen, kann man Tausende von Zeitaltern mit der Übung verbringen, ohne ihn zu erlangen. Wenn jedoch ein Mensch schlagartig ohne Geist sein kann, dann wird er mit dem Ursprünglichen Dharma eins. Einst vergaß einer, dass eine Perle im Ärmel seines Gewandes versteckt war, und suchte verwirrt und verwundert überall nach ihr; da wies ihn ein weiser

Freund auf die Perle hin, und er fand sie dort, wo sie schon immer war.

Die meisten Dharma-Schüler sind verwirrt über den Ursprünglichen GEIST und wissen nicht, dass der Ursprüngliche Dharma nicht-existent ist und weder von etwas abhängt noch verweilt. Weder aktiv noch passiv und ohne aufrührende Gedanken können sie jedoch plötzlich das Stadium Vollständigen Erwachens erlangen und erkennen, dass sie den Zustand des Ursprünglichen GEISTES erreicht haben, der allein Buddha ist. Dann schauen sie zurück auf ihre frühere Übung in zahllosen Zeitaltern und betrachten sie als sinnlose Anstrengung – so wie da einer seine ursprüngliche Perle fand und erkannte, dass er vergebens all die Zeit und Mühe auf die Suche nach ihr verwendet hatte. Darum sagte Shâkyamuni Buddha: „Es gab tatsächlich keinen Dharma, durch den der Tathâgata Höchstes Erwachen erlangte." Da die meisten Menschen diese Lehre für tiefgründig und schwer zu glauben erachten, ist man gezwungen, die Höchste Wirklichkeit in Gleichnissen auszudrücken.

Dharma-Schüler sollten keine Zweifel bezüglich des Körpers hegen und erkennen, dass in seiner Beschaffenheit aus vier Elementen kein Selbst oder Meister gefunden werden kann. Die fünf Anhäufungen *(skandha)* sind Geist, doch auch dort kann kein Selbst oder Meister gefunden werden. Die sechs Sinnesorgane, sechs Sinnesobjekte und sechs Sinnesbewusstseinsarten formen die achtzehn Sinnesbereiche, die gleichfalls leer sind. Geburt, Tod und alle Dinge sind leer. Nur Ursprünglicher GEIST ist weit und klar. Wenn jemand die vier Elemente dieses Körpers erhält und das Geschwür des Hungers auf eine Art lindert, die frei vom Erfassen ist, dann nährt er sich selbst mit Weisheitsnahrung. Rennt jemand aber Geschmäckern hinterher, ohne die Regeln der Mäßigung einzuhalten, und verwendet er die Unterscheidung, um Dinge zu suchen, die den Gaumen erfreuen und seine Begierde-Natur befriedigen, dann stopft er sich nur mit Bewusstseinsnahrung voll.

Der Schüler verlässt sich auf den Ton der Dharma-Lehre, um das Stadium Vollständigen Erwachens zu erlangen, doch er kennt noch nicht die Wirklichkeit des unbedingten GEISTES. Das liegt daran, dass er irrigerweise Gedanken bezüglich der Lehre aufkommen lässt, und ebenso Töne, Yogi-Kräfte, verheißungsvolle Zeichen, Reden und Handeln. Wenn so jemand vom Erwachen oder Nirwana hörte und sich dann der Übung widmete, um Befreiung zu erlangen – und sei es nur für die Dauer der drei großen Asamkhyeya-Kalpa – dann würde seine Übung doch nie die Höchste Buddha-

Frucht erlangen; diese Übung gehört zur Stufe der *Shrâvaka* (Hörer) und *Shrâvaka*-Buddhas. Erwacht jemand schlagartig zum eigenen Geist, dann findet er den wirklichen Buddha: Nichts zu üben, nichts zu erlangen, das allein ist das Höchste Tao und der echte Dharma. Ohne den Geist zu suchen, ist da keine Geburt; ohne den Geist zu ergreifen, ist da kein Tod. Was weder Geburt noch Tod ist, das ist Buddha. Die 84.000 Daseinsfaktoren *(dharma)* sind nützlich, um die Krankheiten der fühlenden Wesen zu heilen; ansonsten sind sie geschickte Mittel, um fühlende Wesen zu lehren, zur Umkehr zu bewegen und zu empfangen. Doch nur Ursprüngliche Leere, ohne Befleckung, ist Erwachen *(bodhi).*

Wenn Dharma-Schüler den Schlüssel zu erfolgreicher Übung kennen wollen, sollten sie verstehen, dass der Geist bei nichts verweilt. Leere ist die Ursprüngliche Natur des Buddha-Geistes *(dharma-kâya),* so wie die Ursprüngliche Natur Leere ist. Üblicherweise glauben die Menschen, dass diese Ursprüngliche Natur Leere durchdringt und darin enthalten ist. Dies ist jedoch falsch; wir sollten verstehen, dass der *Dharmakâya* Leere ist und Leere der *Dharmakâya.*

Wenn jemand Leere für etwas Seiendes hält und als getrennt vom *Dharmakâya* ansieht oder meint, es gäbe einen *Dharmakâya* außerhalb der Leere, dann hängt er einer falschen Sicht an. Erst in der völligen Abwesenheit von Ansichten über die Leere erscheint der wahre *Dharmakâya.* Leere und *Dharmakâya* sind nicht verschieden. Fühlende Wesen und Buddhas sind nicht verschieden. Geburt und Tod und Nirwana sind nicht verschieden. Trübungen des Geistes *(klesha)* und Erwachen *(bodhi)* sind nicht verschieden. Allein was jenseits aller Form ist, ist Buddha.

Weltlich gesinnte Menschen ergreifen Weltlichkeit, Dharma-Schüler ergreifen den GEIST. Wenn sie sowohl von Weltlichkeit als auch vom GEIST lassen, können sie dem wahren Dharma begegnen. Ohne Weltlichkeit zu verweilen ist leicht, ohne Geist zu verweilen schwer. Die Menschen fürchten sich davor, ohne Geist zu verweilen, weil sie dann nichts mehr hätten, woran sie sich klammern könnten. Doch Ursprüngliche Leere ist nicht einfach Leere, sondern Absolute Wirklichkeit *(dharmadhâtu).*

Seit anfangsloser Zeit bestand die Natur des Erwachten Geistes und der Leere aus der gleichen, absoluten Nicht-Dualität von: weder Geburt noch Tod, weder Existenz noch Nicht-Existenz, weder Reinheit noch Unreinheit, weder Bewegung noch Bewegungslosigkeit, weder jung noch alt, weder innen noch außen, weder Form noch Ton noch Farbe. Ohne danach zu streben sollte man seinen Verstand nutzen, um die passenden Worte für den Erwachten Geist zu finden. Man sollte nicht denken, dass es sich um einen Ort, um Dinge, um Namen oder Formen handelt. Nur dann wird erkannt, dass alle Buddhas, Bodhisattvas und fühlenden Wesen den gleichen natürlichen Zustand des großen Nirwana besitzen.

Wahre Natur ist GEIST, GEIST ist Buddha, Buddha ist Dharma. Man sollte weder mit dem Geist GEIST suchen noch mit dem Buddha den Buddha oder mit dem Dharma den Dharma. Dharma-Schüler sollten schlagartig Nicht-Geist verwirklichen und sofort Stille erlangen. Gedanken zu befeuern ist falsch, doch den GEIST dafür zu verwenden, GEIST zu übermitteln, ist richtig. Achte darauf, nicht außerhalb von dir zu suchen. Wenn du GEIST als etwas außerhalb von dir ansiehst, ist das so, als würdest du einen Dieb für deinen eigenen Sohn halten.

Aufgrund unseres Verlangens, unserer Abneigung und unserer Täuschung müssen wir die Verhaltensregeln *(shîla)*, die Versenkung *(samâdhi)* und die Weisheit *(prajnâ)* nutzbar machen, um unsere Gedanken vom Ergreifen und dem Irrtum zu befreien. Wäre da anfänglich keine Befleckung, was wäre dann Erwachen *(bodhi)*? Hierzu meinte ein Chan-Meister: „Jede Lehre Buddhas dient allein dazu, die Gedanken auszulöschen. Ist das geschehen, welchen Nutzen hat dann der Dharma?“ Es gibt also an der ursprünglichen und letztgültigen Quelle des reinen Buddha nichts, woran man sich klammern könnte. Selbst wenn man Leere mit zahllosen Juwelen und anderen Schätzen schmücken könnte, würden diese nicht bestehen. Gleichsam kann auch eine Buddha-Natur, die mit unschätzbarer Weisheit und Tugend geschmückt ist, nicht bestehen. Die meisten Menschen sind über ihre eigene Natur getäuscht und können darum nicht zu ihrem eigenen GEIST erwachen.

Kurzum: Alle Dinge hängen vom GEIST ab. Wenn Ursachen und Bedingungen aufeinandertreffen, dann erscheinen die Dinge. Wenn Ursachen und Bedingungen sich trennen, dann verschwinden die Dinge. Dharma-Schüler sollten ihre reine Natur nicht besudeln, indem sie Gedanken entstehen lassen. Der Spiegel von Verhaltensregeln *(shîla)* und Weisheit *(prajnâ)* ist strahlend und still und erlaubt es einem, über Sehen, Hören, Berühren und Denken zu reflektieren. Diese Ansicht über die Sphäre des Geistes ist jedoch nur eine vorübergehende Lehre für Menschen von minderer oder durchschnittlicher Auffassungsgabe, sie entspricht nicht der Sicht aus Höchstem Erwachen. Wer nach Höchstem Erwachen strebt, sollte also nicht eine solche Ansicht hegen. Das Existente und Nicht-Existente sind beide innerhalb der Sphäre des ergreifenden Geistes. Ohne Existenz und Nicht-Existenz ist da Nicht-Geist, und alles ist Dharma.

Ein Chan-Meister sagte: „Seit er in China angekommen war, lehrte Bodhidharma nur die Ansicht des unbedingten GEISTES und des unbedingten Dharma." Nimmt man Dharma, um Dharma zu vermitteln, dann gibt es keinen anderen Dharma. Nimmt man Buddha, um Buddha zu vermitteln, dann gibt es keinen anderen Buddha. Dieser Dharma ist „Ohne Worte"-Dharma, dieser Buddha ist „Ohne Worte"-Buddha. Folglich sind sie die letzte Quelle des Reinen GEISTES. Dies ist die wahre Chan-Lehre, alle anderen sind falsch!

Weisheit ist Ursprünglicher GEIST ohne Form. Weltliche Menschen haben keine natürliche Neigung zum Tao hin, sondern erfreuen sich lieber der sechs Gefühle, die aufgrund der sechs Bedingungen menschlicher Existenz entstehen, also der gefühlsmäßigen Wirkungen wie Begierde oder Abneigung, die aufkommen, wenn Sinnesobjekte auf die inneren Sinnesgründe treffen, oder wenn im Nachhinein eine Erinnerung an einen solchen Kontakt stattfindet.

Dharma-Schüler, die Gedanken an Geburt und Tod zulassen, fallen in das teuflische Reich von Mara. Erlaubt man während des Sehens das Entstehen eines Gedankens, dann verfällt man dem Irrtum. Will man Geburt und Tod auslöschen, so fällt man ins Reich der *Shrâvaka.* Sieht man weder Geburt noch Tod und ist sich nur des Erlöschens bewusst, so fällt man ins Reich der Pratyeka-Buddha. Freilich könnte jemand fragen: Wenn die Daseinsfaktoren *(dharma)* ursprünglich kein Entstehen kennen, wie können sie dann dem Erlöschen unterworfen sein? Die Antwort könnte lauten: Dank dieser nicht-dualistischen Sichtweise, dass alles GEIST ist, wenn man weder Begehren noch Abneigung hegt. Dies allein ist der Buddha des Höchsten Erwachens!

Weltliche Menschen lassen Gedanken in der Geist-Sphäre entstehen, die zu Vorlieben und Abneigungen führen. Wenn jemand eine derartige Verstrickung ablehnt, sollte er den Geist vergessen. Ohne diesen Geist ist jene Sphäre leer. Lehnt jemand aber „ohne Geist“ ab und verwickelt sich in die verschiedenen Bereiche des Geistes, dann schafft er nur mehr Verwirrung. Darum gilt es zu erkennen, dass alle Phänomene vom GEIST abhängen und GEIST selbst unerreichbar ist, will man den Buddha des Höchsten Erwachens erlangen.

Schüler der Weisheit *(prajnâ):* Selbst wenn du den einen Dharma suchst und keinen Gedanken an die Drei Fahrzeuge verschwendest, ist auch dieser eine Dharma unerreichbar. Behauptet jemand, er könne ihn erlangen, gleicht er den Arroganten, die einst die Lotus-Versammlung verließen, weil sie sich weigerten, die Lotus-Lehre anzuhören. Der Tathâgata sagte dazu: „Es gab tatsächlich keinen Dharma, durch den der Tathâgata Höchstes Erwachen erlangte." Dennoch gibt es das unausgesprochene, stille Einverständnis. Da ist nur dies!

Wer dem Tode nahe ist, erkennt genau dann, dass die fünf Anhäufungen *(skandha)* leer, der wahre GEIST ohne Form und die vier Elemente frei von einem Selbst sind. Weder kommend noch gehend, verschwindet die Buddha-Natur nicht. Wenn jemand schlagartig den unbedingten GEIST versteht und erkennt, dass die Geist-Sphäre nicht-unterschieden ist, dann wird er von den drei Zeiten nicht mehr eingeschränkt. Dies ist der wahre Edle *(aryâ),* frei von befleckenden Neigungen. Selbst wenn er angenehmen Sinnesobjekten begegnet oder sogar von allen Buddhas beglückwünscht wird, so läuft er ihnen doch nicht nach. Die schrecklichsten und widerlichsten Sinnesobjekte erzeugen in so einem keine Furcht. Ohne Geist verweilend, wie der

Dharmadhâtu, ist der GEIST frei von allen Täuschungen.

Ein Chan-Meister sagte: „Die Hilfslehren von *Shrâvaka,* Bodhisattva, *Dashabhûmi* und *Samyak Sambodhi* (vollständiges Erwachen) gehören alle dem Pfad allmählichen Erwachens an." Was ist vollständiges Nirwana? Vollständiges Nirwana ist die plötzliche Einsicht, dass der eigene Geist ursprünglich Buddha und Wahrer GEIST ist. Es ist die plötzliche Erkenntnis, dass es weder Buddhas noch fühlende Wesen gibt, weder Subjekt noch Objekt. Wenn dieser gegenwärtige Ort eine illusionäre Stadt ist, wo ist dann vollständiges Nirwana? Vollständiges Nirwana kann nicht gezeigt werden, da wir nur auf einen Ort hinweisen können; was aber als Ort gedacht wird, kann nicht Bedingung für wahres, vollständiges Nirwana sein. Man kann zwar Richtungshinweise geben, aber nicht die genaue Lage bestimmen. Freilich kann man zu einem rechten und stillen Verständnis davon gelangen.

Ein *Icchantika* ist ein Mensch, der als unbelehrbar gilt, weil ihm der Glaube im Herzen vollständig abgeht. Wenn fühlende Wesen und *Shrâvaka* nicht glauben, dass „ohne Geist" Buddha und Höchstes Erwachen bedeutet, dann kann man sie gewiss als *Icchantika* bezeichnen.

Alle Bodhisattvas haben Vertrauen in den Buddhadharma, ob es sich um die Lehre der *Shrâvaka* (Theravâda) oder die Bodhisattva-Fahrzeuge (Mahâyâna) handelt. Alle fühlenden Wesen habe die gleiche Dharma-Natur wie die Buddhas und können deshalb als *Icchantika* mit guten Wurzeln angesehen werden. Wer sich aufs Hören der Lehre verlässt, um Erwachen zu erlangen, wird *Shrâvaka* genannt; wer über die zwölf Glieder des bedingten Entstehens *(nidâna)* nachsinnt und so Erwachen erlangt, wird Pratyeka-Buddha genannt. Die meisten Dharma-Schüler erwachen durch Dharma-Lehren, aber nicht direkt zum GEIST; sie praktizieren über viele Zeitalter und erlangen doch nicht den Ursprünglichen Buddha. So wie ein Hund von einem Erdklumpen abgelenkt wird, den man nach ihm wirft, so vergessen wir den Ursprünglichen GEIST. Gelingt jemandem jedoch stilles und unausgesprochenes Einverständnis, dann weiß er, dass es nicht notwendig ist, den Dharma zu suchen, weil der Geist Dharma ist.

Der Geist der meisten Menschen wird durch Geist-Bereiche behindert, so dass sie das Buddha-Prinzip nur durch Phänomene beschmutzt und mit ihnen vermischt wahrnehmen. Deshalb versuchen sie stets, diesen Geist-Bereichen zu entfliehen und ihren

Geist zu beruhigen. Um Reinen GEIST zu erlangen, trachten sie danach, die Phänomene auszulöschen und das Prinzip zu erhalten, erkennen aber dabei nicht, dass die Geist-Bereiche vom GEIST behindert werden und die Phänomene vom Prinzip. Ohne Geist sind die Bereiche leer; ist das Prinzip gestillt, so auch die Phänomene. Man sollte den GEIST nicht nach eigenem Gutdünken verwenden. Die Menschen wollen nicht wirklich das Stadium „ohne Geist“ zu sein verwirklichen, weil sie fürchten zu scheitern und so in eine einseitige Leere zu fallen. Törichte Menschen versuchen nur, die Phänomene auszulöschen, nicht jedoch den Geist. Der Geist des Bodhisattva ist leer, er hat alles abgeworfen und ergreift weder Glück noch Verdienst.

Bei dieser Übung gibt es drei Grade des Entsagens. Die höchste ist das Entsagen von Körper und Geist durch die Einsicht, dass alles – innen wie außen – leer ist, und dass es nichts zu erlangen oder zu ergreifen gibt. Abhängig vom Ausmaß des eigenen Glaubens und der eigenen Hingabe an die Übung vollzieht man das große Entsagen von Negativem wie Positivem, von Existenz wie Nicht-Existenz. Dieser Erkenntnis von Wahrheit zu folgen, indem man sich übt, ohne irgendeine Belohnung oder persönlichen Vorteil zu erwarten, wird als mittlerer Grad des Entsagens angesehen. Der höchste Grad des Entsagens wird damit verglichen, eine Fackel vor sich zu halten, so dass man weder getäuscht wird noch erwacht. Der mittlere Grad des Entsagens wird damit verglichen, die Fackel an der Seite zu halten, so dass es manchmal hell und manchmal dunkel ist. Der niedrigste Grad des Entsagens wird damit verglichen, eine Fackel am Rücken zu halten, so dass man weder eine Grube noch eine Falle vor sich erkennen kann. Der Geist des Bodhisattva ist leer, er hat alle Dinge abgeworfen. Vergangener Geist, der nicht ergreift, ist vergangenes Entsagen; gegenwärtiger Geist, der nicht ergreift, ist gegenwärtiges Entsagen; zukünftiger Geist, der nicht ergreift, ist zukünftiges Entsagen.

Seit der Tathâgata seine Lehre dem Ehrwürdigen Mahâkâshyapa vermachte, wurde GEIST benutzt, um GEIST zu übertragen, und nichts sonst war nötig. So wie ein Siegel keinen Abdruck am Himmel hinterlässt, so hinterlässt man kein geschriebenes Zeichen. So wie ein Siegel einen Abdruck auf Papier hinterlässt, so hinterlässt man keinen Dharma. Nutzt man GEIST, um GEIST aufzuprägen, so hat man doch keinen GEIST. Ohne den negativen wie den positiven Abdruck ist das unausgesprochene Verständnis schwer zu erlangen. Darum betreiben zwar viele Dharma-Schüler Studien, aber nur wenige erlangen den Weg. Wie auch immer: Nicht-Geist ist GEIST und Nicht-Erlangen ist wahres Erlangen.

Der Tathâgata hat einen dreifaltigen Körper. Der *Dharmakâya* (Ursprüngliche Erleuchtungsnatur) verkündet den Dharma von leerer Natur, den Dharma jenseits von Worten und Form. Da es tatsächlich keinen Dharma darzulegen gibt, lehrt er den Dharma der Leere als Selbst-Natur. Der *Nirmânakâya* (manifestierter oder ausstrahlender Körper) verkündet die sechs Tugenden *(pâramitâ)* und die Myriaden von Dharma-Übungen. Der *Sambhogakâya* (Freudenkörper) legt die Leere gemäß den Bedingungen und der Auffassungsgabe fühlender Wesen dar.

Die eine Essenz ist GEIST. Die sechs Sinnesorgane mir ihren sechs Sinnesobjekten und den daraus folgenden sechs Sinnesbewusstseinsarten werden zusammen als achtzehn Sinnesbereiche bezeichnet. Wenn jemand diese achtzehn Bereiche als leer auffasst und zu einer Essenz reduziert, dann ist diese Essenz GEIST. Alle Dharma-Schüler wissen das theoretisch, können aber ihre Ansichten, die auf der Dualität und Analyse dieser Essenz und dem Ergreifen der sechs Sinne gründen, nicht abwerfen. Von diesen Daseinsfaktoren gebunden, gelingt ihnen kein stilles Verständnis des Ursprünglichen Geistes.

Der Tathâgata erschien in der Welt, um das Höchste Fahrzeug zu lehren. Da die fühlenden Wesen nicht daran glauben konnten und die Lehre sogar verleumdeten, versanken sie in einem See des Leidens. Darum entwarf der Tathâgata die Hilfslehre von den Drei Fahrzeugen, um ihnen beizustehen. Einige Schüler erlangten tiefe Erkenntnis, andere nur flache. Da aber nur wenige zu Buddhas Ursprünglichem Dharma erwachten, heißt es in einem Sutra: „Sie manifestieren noch immer nicht den Dharma des Einen GEISTES.“ Diese besondere Lehre des GEISTES ist ein Dharma ohne Worte. Die Chan-Schule stützt sich nicht auf Texte, sondern auf die besondere Übermittlung durch den Ehrwürdigen Mahâkâshyapa, das heißt das stille Einverständnis und das schlagartige Erlangen des Großen Erwachens mit der Ankunft des letztgültigen Tao.

Einst fragte ein Mönch *(bhikshu)* seinen Meister: „Was ist Tao und wie wird es praktiziert?“ Der Meister antwortete: „Was ist dieses Tao und was willst du praktizieren?“ Der Mönch fragte weiter: „Ist Tao für die Schüler empfänglich, die nach Unterweisung in der Übung suchen?“ Der Meister erwiderte: „Das gilt nur für Menschen mit geringer Auffassungsgabe; das Tao kann man nicht praktizieren.“ Da fragte der Mönch: „Was ist dann der Dharma für Menschen mit hoher Auffassungsgabe?“ Der Meister antwortete: „Wenn einer von echter hoher Auffassungsgabe ist, dann kann er keinem folgen. Sogar sich selbst kann er nicht suchen, wie könnte er da den Dharma erfassen?“ Der Mönch rief aus: „Wenn das so ist, dann gibt es nichts zu suchen!“ Der Meister sagte: „Also schone deine Geisteskraft.“ Der Mönch bohrte weiter: „Aber wäre das nicht gleichbedeutend mit der Sicht der Auslöschung, so dass keiner mehr etwas sagen könnte?“ Der Meister sagte: „Wer ist es denn, der nichts sagt? Wer ist der? Versuche, ihn zu finden!“ Der Mönch fragte: „Wenn dem so ist, warum dann den suchen, der nichts sagt?“ Der Meister antwortete: „Wenn du nicht suchst, ist das in Ordnung. Wer fragte dich nach dem Auslöschen? Du siehst die Leere vor dir, warum glaubst du also, sie zerstört zu haben?“ Der Mönch fragte: „Könnte dieser Dharma Leere sein?“ Der Meister erwiderte: „Erklärt dir diese Leere den Unterschied zwischen Tag und Nacht? Ich spreche nur behelfsweise, weil du Gedanken und Ansichten zu dem entstehen lässt, was ich sage.“ Der Mönch fragte: „Man sollte also keine Ansichten hegen?“ Der Meister sagte: „Ich behindere dich nicht, doch du solltest deine Ansicht als Gefühlsregung verstehen.

Wenn Gefühle aufkommen, wird Weisheit verborgen.“ Der Mönch fragte: „Warum nennt Ihr das überflüssig, ich rede doch bloß mit Euch?“ Der Meister antwortete: „Du verstehst nicht, was andere sagen, wo ist da also das Überflüssige?“ Der Mönch sagte: „Ihr habt nun eine ganze Zeit lang gesprochen, wie mir schien, um dem Worte-Feind zu widerstehen, aber Ihr habt überhaupt keine Dharma-Unterweisung gegeben.“ Der Meister erwiderte: „Erkenne einfach den Dharma ohne verdrehte Ansichten. Deine Ansichten sind jedoch verdreht. Welchen wahren Dharma willst du?“ Der Mönch hakte nach: „Meine Ansichten sind also verdreht, wie steht es aber mit den Antworten des Meisters?“ Der Meister sagte: „Du solltest etwas nehmen, was dein Gesicht erleuchtet. Misch dich nicht in die Angelegenheiten anderer ein!“ Der Mönch rief aus: „Wie ein dummer Hund! Wenn er sieht, wie sich etwas bewegt, bellt er Schatten und Geräusche an.“ Der Meister sagte: „Die Dhyâna-Schule hat alle fühlenden Wesen von alters bis heute angenommen, doch sie nie gelehrt, Ansichten zu hegen, sondern nur geraten: ‚Erkundet das Tao.‘ Diese Worte sollen die durchschnittliche Person zur Umkehr bewegen, doch eigentlich kann man das Tao nicht erkunden. Wenn jemand meint, etwas lernen zu können, dann ist er vom Tao getäuscht. Das Tao ist nichts als dieser Mahâyâna-Geist. Dieser Geist ist nirgendwo, weder innen noch außen noch irgendwo dazwischen. Deshalb sollte jemand vor allem keine Ansichten hegen. Das Verlöschen der dualistischen Ansicht einer Vorliebe ist Tao. Wenn die Vorliebe abgeschnitten ist, dann ist der Geist nirgendwo. Das Ursprüngliche Tao ist ohne Namen, doch die weltlichen Menschen verstehen dies nicht und werden von verkehrten Ansichten getäuscht. Alle Buddhas erscheinen in der Welt, um diesen Dharma zu erklären und zu lehren. Da Menschen unfähig sind, dies unmittelbar zu verstehen, nutzen die Buddhas Hilfsmittel, um das Tao zu lehren. Man sollte aber nicht an Namen hängen und Ansichten schaffen. Wenn man zum Beispiel fischt, sollte man die Bambusfalle vergessen. Wenn man ans andere Ufer gelangt, sollte man das Floß aufgeben."

In dem Augenblick, in dem einer das Tao versteht und den GEIST erkennt, wird er frei von Körper und Geist. Einer, der die letzte Quelle erreicht, wird als *Shramana* bezeichnet. Die Frucht eines *Shramana* ist das Verlöschen falschen Denkens. Diese Frucht kann nicht durch weltliches Lernen erlangt werden. Den Geist benutzen, um den GEIST zu finden, und von anderen im Hinblick auf die eigene Einsicht abhängen – wie könnte man da das Tao erlangen? Die Übenden von früher waren von Weisheit besessen. Schon beim Hören von ein paar

Dharma-Worten erlangten sie schlagartig das Stadium jenseits von Lernen und Denken. Heute streben die Menschen nur nach weltlichem Lernen und glauben fälschlicherweise, mehr Wissen führe zu besserer Übung. Sie wissen nicht, dass übertriebenes Lernen nur mehr Hindernisse auf ihrem Übungsweg erzeugt. Wenn man einem Baby mehr und mehr Sahne zu essen gibt, wie kann man da noch wissen, ob es diese verdauen kann? Gleichsam kann man die Lehre der Drei Fahrzeuge mit Völlerei ohne angemessene Verdauung vergleichen. Jedes Studium ohne angemessene Verdauung wird zu Gift. Diese Dinge existieren im Bereich des Erzeugens wie des Auslöschens, während im *Bhutatathata* – dem Stadium vollständiger Soheit, in dem die Dinge so sind, wie sie sind, ohne von den üblichen Befleckungen des Geistes *(klesha)* verzerrt zu werden – überhaupt nichts ist. Den *Bhutatathata* und die unbedingten Mittel zu erlangen bedeutet, alle vorherigen Ansichten getilgt zu haben und leer zu bleiben, ohne falsche Unterscheidung.

Was ist das Tathâgata-Schatzhaus? Es ist Leere, der königliche Dharma, der in der Welt erscheint, um alle relativen Dinge zu widerlegen. Darum sagt das Sutra: „Es gab tatsächlich keinen Dharma, durch den der Tathâgata Höchstes Erwachen erlangte." Diese Worte wurden nur zu dem Zweck benutzt, verdrehte Ansichten auszumerzen. Ohne das Innen-und-Außen-Konzept verdrehter Ansichten gibt es nichts, worauf man sich stützen oder was man ergreifen könnte. Dies ist wahrlich die Wirklichkeit des Unbehinderten. Die gesamte Lehre der Drei Fahrzeuge ist bloß Medizin für schwache Patienten; all die verschiedenen Lehren dienen nur dem Zweck, vorübergehende Bedürfnisse der fühlenden Wesen zu bedienen. Man sollte jedoch von dieser Lehre nicht verwirrt werden. Wenn jemand keine Ansichten entstehen lässt und keine Worte ergreift, dann ist da kein Dharma. Warum? Weil es keinen festgelegten Dharma gibt, den der Tathâgata darlegen könnte. Meine Dhyâna-Schule spricht nie von dieser Angelegenheit. Der Zweck der Lehre ist, falsches Denken zu beenden; sie dient nicht den Absichten des Abwägens oder der intellektuellen Analyse.

Ein Mönch meinte einst zu seinem Meister: „Ihr habt gesagt, dass der Geist Buddha ist, aber ich weiß nicht, welcher Geist der Buddha ist." Der Meister fragte: „Wie viele Geiste hast du denn?" Der Mönch erwiderte: „Ist der weltliche oder der heilige Geist der Buddha?" Der Meister frage seinerseits: „Wo genau findest du den weltlichen und den heiligen Geist?" Der Mönch sagte: „Die Drei Fahrzeuge sprechen ständig von weltlich und heilig, wie könnt Ihr da behaupten, sie existierten nicht?“ Der Meister antwortete: „Weltlich und heilig sind sehr klar in den Drei Fahrzeugen erläutert. Du verstehst nicht und ergreifst sie als Objekte. Wäre es denn nicht falsch, die Leere für etwas wirklich Existierendes zu halten? Merze einfach diese Ansicht von weltlich und heilig aus! Es gibt keinen Buddha außerhalb des GEISTES! Der Patriarch kam nur deshalb aus dem Westen, um aufzuzeigen, dass der Geist der Menschen Buddha ist. Du erkennst das nicht und suchst bewusst nach dem Buddha. Du suchst den Buddha außerhalb und benebelst so deinen eigenen Geist. Darum spreche ich vom GEIST als Buddha. Wenn jemand auch nur einen einzigen Gedanken entstehen lässt, verfällt er den Wegen Andersgläubiger. Seit alters gibt es keine Abgrenzung und keine Unterscheidung, Leere ist das Unbedingte Erwachen.“

Der Mönch fragte: „In welcher Theorie sagt man ‚es ist‘?“ Der Meister erwiderte: „Welche Theorie suchst du? Wenn du eine Theorie hast, dann ist das unterscheidender Geist.“ Der Mönch fragte weiter: „Ihr sagtet zuvor, dass es seit alters kein Unterscheiden gebe. Welche Theorie ist das?“ Der Meister antwortete: „Aufgrund deines Suchens erkennst du einen Unterschied. Wo ist der Unterschied, wenn du nicht suchst?“ Der Mönch sagte: „Wenn es nicht-unterschieden ist, warum sagt Ihr dann ‚es ist'?" Der Meister erwiderte: „Wenn du nicht die Ansicht von weltlich und heilig hegst, wer kann dir dann sagen, dass ‚es ist'?" Wenn ‚es ist' nicht ist, dann ‚ist es' wahrhaftig! Wenn Geist nicht Geist ist, dann lösen sich Geist und ‚es ist' auf. Wo willst du suchen?" Der Mönch erkundigte sich: „Wenn das Falsche dem Geist ein Hindernis sein kann, wie kann man dann das Falsche vertreiben?" Der Meister antwortete: „Falsches Entstehen und Vergehen – das ist falsch. Ursprünglich hat das Falsche keine Wurzel, sondern entsteht aus Unterscheiden; wenn jemand keine verdrehte Ansicht von Weltlichem contra Heiligem hegt, dann gibt es von selbst kein Falsches. Ist nichts zu ergreifen und nichts zu vertreiben, und wirft man alles ab – dann ist da in diesem Moment der Buddha." Der Mönch fragte: „Wenn es bereits kein Ergreifen gibt, was wird dann übertragen?" Der Meister sagte: „Der GEIST wird benutzt, um GEIST zu übertragen." Der Mönch fragte: „Wenn der Geist gegenseitig übertragen werden kann, wie kann man dann von jemandem behaupten, er sei ohne Geist?" Der Meister sagte: „Nur nichts-zu-erlangen ist die wahre Übertragung des GEISTES. Wenn jemand das tatsächlich versteht, dann ist der Geist Nicht-Geist und Nicht-Dharma." Der Mönch fragte: „Wenn da Nicht-Geist und Nicht-Dharma sind, wo ist dann die Übertragung?" Der Meister antwortete: „Wenn du den Ausdruck ‚Übertragung des GEISTES‘ hörst, denkst du dann, es gäbe etwas zu erlangen? Der Patriarch sagte: ‚Wenn du die Geist-Natur siehst, dann bist du im Stadium jenseits des Unterscheidens.‘ Der vollständige GEIST wird nicht erlangt. Wo gäbe es da Erlangen? Wissen ist da nicht gegenwärtig. Wie denkst du darüber?“ Der Mönch fragte: „Nur Leere vor mir ohne die Geist-Sphäre! Ohne die Geist-Sphäre, würde man da nicht den GEIST sehen?“ Der Meister erwiderte: „Welchen Geist willst du in dieser Sphäre sehen? Wenn du etwas siehst, ist es bloß eine Spiegelung aus der Geist-Sphäre. Wie jemand, der sein Gesicht im Spiegel anschaut, denkt, er sähe eindeutig sein Gesicht und seine Augenbrauen, aber tatsächlich nur eine Abbild oder eine Spiegelung sieht, so ist auch jede Spiegelung aus der Geist-Sphäre. Aber was hat das alles mit dir zu tun?“ Der Mönch fragte: „Wenn nicht durch eine Spiegelung, wie kann man dann den GEIST sehen?“ Der Meister sagte: „Wenn jemand die Ursache aufzeigen will, dann muss er stets auf das verweisen, wovon die Ursache abhängt. Dies ist ein nie endender Prozess, denn für das abhängige Entstehen der Dinge gibt es kein Ende. Lockere deinen Griff, denn es gibt nichts zu erlangen! Ständig über Tausende von Dingen zu reden ist vergebliche Mühe.“

Der Mönch fragte: „Wenn dies verstanden ist, kann dann selbst durch Nachsinnen nichts erreicht werden?“ Der Meister antwortete: „Wenn es nichts zu erlangen gibt, dann ist Nachsinnen nicht nötig. Verlasse dich nicht auf das Gerede in einem Traum, um deine Augen zu öffnen. ‚Nichts zu suchen‘ ist der grundlegende Dharma. Das ist besser, als hundert verschiedene Dinge zu studieren und zu lernen. Mit nichts-zu-erlangen hat man seine Aufgabe erfüllt.“ Der Mönch fragte: „Was ist gewöhnliche Wahrheit?“ Der Meister erwiderte: „Warum bestehst du darauf, anhaftende Kletten zu erzeugen? Ursprünglich ist die Wahrheit klar und leuchtend. Es ist unnötig, Fragen und Antworten zu erzeugen.“

Zusammenfassend ist festzuhalten, dass dieses Stadium des ‚ohne Geist‘ Weisheit und Loslösen bedeutet. Gehen, Stehen, Sitzen, Liegen und Reden sind alles eigene Alltagshandlungen, die ohne Anhaften geschehen und so in Nicht-Handeln gewandelt werden.

In diesen Endzeiten des Dharma ergreifen viele Dharma-Schüler bei ihrer Übung Formen und Töne. Wenn sie bloß ihren Geist leer wie einen verwitterten, abgestorbenen Baum, einen Stein oder kalte Asche machen könnten, dann würden sie ein wenig von diesem Dharma erkennen. Ansonsten könnten sie auch gleich Wissen vom König der Hölle anfordern. Ohne das dualistische Konzept von Existenz und Nicht-Existenz, und strahlend wie die Sonne am Himmel, würden sie da nicht Kräfte sparen?

Ohne einen Ort des Verweilens zu sein ist darum der Weg allen Buddha-Handelns. Der GEIST, der nirgendwo verweilt, ist Vollständiges Erwachen. Ohne ein Verständnis der Unbedingten Wahrheit hat man – egal, wie viel man lernt und eifrig übt – den eigenen GEIST noch nicht erkannt. Dann sind die eigenen Handlungen unsinnig und man darf als Mitglied der teuflischen Familie Maras gelten. Chan-Meister Chi-Kung sagte: „Buddha ist der eigene GEIST! Warum sucht ihr in Worten und Buchstaben?“ Wenn ihr keinen Lehrer mit einem solch überweltlichen Verständnis trefft, dann müsst ihr die Dharma-Medizin des Mahâyâna einnehmen. Beim Gehen, Stehen, Sitzen und Liegen über einen längeren Zeitraum kann man das Stadium des ‚ohne Geist‘ verwirklichen, wenn die rechte Verbindung von Ursachen es befördert. Fehlt es jemandem an der Fähigkeit zu spontanem Erwachen, dann sollte er den Weg des Dhyâna drei, fünf oder zehn Jahre lang studieren. Es gibt keine besondere Vereinbarung oder Zusage, wie der Buddha-Dharma erlangt werden könne. Doch diese Lehre des Tathâgata existiert als Hilfsmittel, um alle Wesen zu transformieren. Wenn zum Beispiel jemand einem schreienden Baby ein gelbes Blatt zeigt und vorgibt, es sei aus Gold, dann hört das Baby auf zu weinen, obwohl das nicht wahr ist. Wenn eine Lehre behauptet, dass es tatsächlich etwas zu erlangen gäbe, dann ist das nicht die Lehre meiner Schule, und ich wollte auch nicht Mitglied einer solch abtrünnigen Sekte sein. Das Sutra sagt: „Es gab tatsächlich keinen Dharma, durch den der Tathâgata Höchstes Erwachen erlangte." Dies ist die Wahrheit der unketzerischen Schule, mit der ich mich identifiziere.

Wenn jemand den ursprünglich klaren und leuchtenden GEIST verwirklicht, dann sind sowohl Buddha als auch Mara als dualistische Konzepte falsch. In diesem GEIST gibt es kein eckig und kein rund, kein groß oder klein, kein kurz oder lang. Es ist leidenschaftslos und nicht-aktiv, weder verwirrt noch erwacht, aber klar und leer. In Welten so zahllos wie die Sandkörner des Ganges tauchen Menschen wie Buddhas als Blasen im Ozean auf. Nichts ist besser als ‚ohne Geist'. Seit alters sind die Buddhas und der *Dharmakâya* nicht verschieden und nehmen weder zu noch ab. Daher sollte jemand, der die Bedeutung einer solchen Einsicht versteht, eifrig bis ans Lebensende üben. Da das Ausatmen kein Einatmen garantiert, sollte jeder aufwachen!"

Ein Mönch fragte den Meister: „Da der Sechste Patriarch nicht die Sutren studierte, wie konnte er da die Übertragung der gelben Robe empfangen und Patriarch werden? Der Ehrwürdige Shen-Hsiu war der Führer von fünfhundert Mönchen und ein Dharma-Lehrer, der zweiunddreißig Sutren und Shastren auslegen konnte. Warum bekam nicht er die Robe des Patriarchen?“ Der Meister antwortete: „Der Ehrwürdige Shen-Hsiu hatte noch einen unterscheidenden Geist. Sein Dharma war handlungsorientiert, weil er das übte und erlangte, was Form hat. Der Sechste Patriarch hingegen erwachte spontan und verstand stillschweigend. Darum übertrug ihm der Fünfte Patriarch heimlich die tiefgründige Wahrheit der Tathâgata-Lehre.“

Die Gâtha (Hymne) der Dharma-Übertragung Shâkyamuni Buddhas lautet: „Ursprünglicher Dharma ist Nicht-Dharma; ohne Dharma ist wahrer Dharma. Im Übertragen des Dharma, der Nicht-Dharma ist, hat es da je einen Dharma gegeben?“ Wenn jemand diese rechte Sicht annimmt, dann kann er mit Leichtigkeit üben und als einer gelten, der sein Zuhause verlassen hat. Als der Ehrwürdige Wai-Ming dem Sechsten Patriarchen auf den Berg Ta Yu folgte, fragte ihn der Patriarch: „Was versprichst du dir davon, hierher zu kommen? Willst du die Robe oder den Dharma?“ Der Ehrwürdige Wai-Ming antwortete: „Ich komme wegen des Dharma, nicht wegen der Robe.“ Darauf fragte der Sechste Patriarch: „Ohne an gut oder böse zu denken: Was ist das ursprüngliche Gesicht des Ehrwürdigen Wai-Ming?“ Da erwachte der Ehrwürdige Wai-Ming plötzlich und warf sich zu Füßen des Patriarchen mit den Worten nieder: „Nur wer das Wasser trinkt, weiß, ob es kalt oder warm ist. Dreißig Jahre lang bin ich vergeblich dem Fünften Patriarchen gefolgt.“ Der Sechste Patriarch erwiderte: „Gut. Nun verstehst du, dass die Absicht des Patriarchen, der aus dem Westen kam, nur darin bestand, direkt auf den GEIST hinzuweisen. Die Buddha-Natur in sich zu erschauen ist Vollständiges Erwachen, denn es stützt sich niemals auf Worte.“

Einst fragte der Ehrwürdige Ânanda den Ehrwürdigen Mahâkashyapa: „Abgesehen von der Robe, was überträgt der von der Welt Geehrte denn noch?“ Der Ehrwürdige Mahâkashyapa rief: „Ânanda!“ Dieser erwiderte: „Ja.“ Und der Ehrwürdige Mahâkashyapa befahl: „Stelle den Fahnenmast vor dem Tor auf den Kopf!“ Dies ist ein hervorragendes Beispiel dafür, wie die Absicht des Patriarchen aufrecht erhalten wurde. Der Ehrwürdige Ânanda war der begabteste Zuhörer unter Buddhas Schülern und dreißig Jahre lang sein Gehilfe. Doch sein einziger Grund, den Dharma zu hören, bestand darin, große Gelehrsamkeit zu erwerben. Darum tadelte ihn der Buddha: „Das Tao nur einen Tag lang zu begreifen ist bedeutsamer als tausend Tage lang Wissen anzusammeln." Wenn Dharma-Schüler das Tao nicht verstehen, dann wird ihnen sogar die Verdauung von einem Tropfen Wasser schwer fallen.

Ein Mönch fragte den Meister: „Wie praktiziert man ohne jede Graduierung?" Der Meister erwiderte: „Während man seine täglichen Mahlzeiten isst, kaut man nicht auf einem Korn Reis. Wenn man seine Spaziergänge macht, tritt man nicht ein Mal auf die Erde." Mangels Unterscheidung zwischen Selbst und anderen lebt man in der Welt, ohne von irgendetwas verwirrt zu werden – so ist ein authentisch freier Mensch, dessen Denken jenseits von Namen und Form gelangt ist. Er überschreitet die drei Zeitabschnitte des Denkens, er versteht, dass der vorangegangene noch nicht vergangen ist, der gegenwärtige nicht bleibt und der zukünftige nicht kommen wird. Auf rechte Weise friedlich sitzen, ungebunden von der Welt, das allein wird Befreiung genannt! Jeder sollte sich eifrig bemühen. Unter Tausenden von Dharma-Schülern in der Dhyâna-Schule erlangen nur drei oder fünf die Frucht. Wenn wir uns nicht um unsere Übung kümmern, könnte leicht Unheil in der Zukunft auftauchen. Wir sollten alle fleißig üben und die Aufgabe der Befreiung in diesem Leben vollenden. Wer will schon endlose Zeitalter lang Unglück erleiden?

Einst fragte ich den Meister: „Es gibt ein paar hundert Mönche da auf dem Berg. Wie viele von ihnen haben den Dharma erlangt?“ Der Meister antwortete: „Das zu wissen ist unmöglich, weil der Tao nur durch GEIST, nicht durch Worte ausgedrückt und verstanden werden kann. Alle Gedanken und Worte werden nur als Hilfsmittel benutzt, um unschuldige Kinder zu unterrichten.“

Frage: „Was ist der Buddha?“ Der Meister antwortete: „Der GEIST ist Buddha, Nicht-Geist ist das Tao. Sei einfach ohne Geist und halte dein Denken an. Sei von dem GEIST, in dem es weder Existenz noch Nicht-Existenz gibt, weder lang noch kurz, weder Selbst noch andere, weder negativ noch positiv, weder innen noch außen. Genau jetzt ist dieser nicht-unterscheidende GEIST der Buddha, dieser Buddha ist der GEIST und dieser GEIST ist Leere. Darum ist der wahre *Dharmakâya* nur Leere. Es ist nicht nötig, irgendetwas anderes zu suchen, und alle, die das tun, verlängern nur ihr Leiden im Samsâra. Selbst wenn sie die sechs Tugenden über so zahllose Zeitalter hinweg praktizierten, wie es Sandkörner am Ganges gibt, würden sie nicht das Höchste Stadium erlangen. Warum nicht? Weil ihre Übung sich auf erste und zweite Ursachen stützt, und wenn sich diese Ursachen trennen, der Übende eines solchen Weges sich lediglich auf einer Stufe der Unbeständigkeit befindet. Darum sind selbst der *Sambhogakâya* und der *Nirmânakâya* nicht der wahre Buddha. Auch derjenige, der den Dharma verbreitet, ist nicht der wahre Buddha. Tatsächlich sollte jeder erkennen, dass nur der eigene GEIST der Ursprüngliche Buddha ist."

Frage: „Es heißt, ‚der Heilige ohne Geist' sei Buddha, kann da ‚der Weltliche ohne Geist' in Leere versinken?" Der Meister antwortete: „Halte dich weder an ein Konzept von heilig noch an eines von weltlich, denke weder an die Leere noch an die Stille im Dharma. Da es ursprünglich kein nichtexistentes Dharma gibt, ist es nicht nötig, eine Ansicht von Existenz als solcher zu hegen. Konzepte von Existenz und Nicht-Existenz sind allesamt verdrehte Ansichten, wie die Illusion eines Grauschleiers über erkrankten Augen. Die Wahrnehmungen des Sehens und Hörens erzeugen, genau wie ein solcher Grauschleier auf erkrankten Augen, die Irrtümer und Täuschungen aller fühlenden Wesen. Ohne Motiv, ohne Begehren, ohne Ansicht und ohne Kompromiss, das ist der Weg des Patriarchen. Ohne Motiv zu sein ist im Übrigen das Prinzip, das das Erblühen des Buddha erlaubt. Unterscheidende Ansichten, an denen man festhält, ermutigen hingegen den Aufmarsch der Armee von Mara.“

Frage: „Wenn der Geist bereits der ursprüngliche Buddha ist, sollten wir dann dennoch die Sechs Tugenden und ähnliche Methoden praktizieren?“ Der Meister erwiderte: „Wir sind nur vom GEIST erleuchtet, ob wir den Sechs Tugenden folgen oder nicht. All diese Lehren sind nur Hilfsmittel für das Erretten aller fühlenden Wesen. Das Ziel ist die Verwirklichung des Erwachens *(bodhi),* der Befreiung und der Buddha-Natur (des „Wahrheitskörpers“, *dharmakâya*). Selbst die vier Früchte *(phala)* und die zehn Stufen des Bodhisattva-Fortschreitens sind nichts als Hilfsmittel, um fühlenden Wesen beim Verwirklichen des Buddha-GEISTES zu helfen, und keine Ziele an sich. Da in Wirklichkeit der GEIST Buddha ist, ist die erste und einzige Lehre, die man zur Rettung der fühlenden Wesen benötigt: DER GEIST IST BUDDHA.“ Wären wir ohne Konzepte von Geburt und Tod, Leiden und Verstrickung, dann wäre ein Dharma des Erwachens *(bodhi)* unnötig. Aller vom Buddha gesprochener Dharma ist behelfsmäßig gestaltet, um den Geist der fühlenden Wesen zu befreien. Wenn jedoch alle Wesen ohne Geist sind, dann braucht man überhaupt keinen Dharma. Die Buddhas und Patriarchen reden über nichts anderes als Einen GEIST, der auch das Eine Fahrzeug genannt wird. Selbst wenn du in den zehn Richtungen suchst, wirst du kein anderes Fahrzeug der Wahrheit finden als diese Erkenntnis des Einen GEISTES. In einer Versammlung, die diese Rechte Ansicht hegt, gibt es keine Zweige oder Äste, sondern nur dieses Eine Fahrzeug.

Den meisten Menschen fällt es jedoch schwer, die tiefgründige Bedeutung dieses Dharma zu glauben oder zu begreifen. Bodhidharma kam in die beiden Länder Liang und Wei, um den geheimen Glauben des Ehrwürdigen Wai-Kuo an den Dharma zu verbreiten sowie die Einsicht, dass der eigene GEIST Buddha ist. ‚Ohne Körper und ohne Geist' ist das große Tao! Da alle fühlenden Wesen die gleiche Natur haben, sollte jeder in der Lage sein, fest zu glauben. GEIST und Selbst-Natur sind nicht verschieden. Die eigene Selbst-Natur ist GEIST. Der eigene GEIST ist Selbst-Natur. Oft heißt es, die Erkenntnis und Verwirklichung von Geist und Selbst-Natur sei jenseits des Begriffsvermögens."

Frage: „Rettet der Buddha wirklich alle fühlenden Wesen?" Der Meister erwiderte: „Es gibt tatsächlich keine fühlenden Wesen, die vom Tathâgata gerettet werden müssten. Da es tatsächlich weder Selbst noch Nicht-Selbst gibt, wie kann dann da ein Buddha sein, der rettet, oder wie fühlende Wesen, die gerettet werden müssten?“

Frage: „Es gibt zweiunddreißig Attribute *(lakshana)*, die traditionell beschreiben, wie alle fühlenden Wesen zu retten seien, wie können wir da sagen, es gäbe keine fühlenden Wesen?“ Der Meister antwortete: „Alles von Form ist unwirklich. Wenn alle Form als unwirklich angesehen wird, dann wird der Tathâgata erfahren. Buddha, fühlende Wesen und die unzähligen Arten von Formen werden alle von deiner falschen Ansicht erzeugt, weshalb du den Ursprünglichen Geist nicht verstehst. Wenn du auch nur den Buddha für wirklich hältst, wird sogar er zu einem Hindernis. Wenn du fühlende Wesen als wirklich ansiehst, werden sie zu Hindernissen. Wenn du Phänomene als weltlich, heilig, rein, schmutzig usf. ansiehst, dann ist auch das eine Hürde auf dem Weg zur Erleuchtung. Wegen dieser Hindernisse in deinem Geist wanderst du die sechs illusionären Pfade entlang und bindest dich ans Rad der Seelenwanderung, so wie ein Affe ein Objekt ergreift und ein anderes fallenlässt, in nie endender, gewohnheitsmäßiger und monotoner Wiederholung.

Das Wesentliche ist, die Wahrheit kennenzulernen. Ohne das Verständnis, dass es da wirklich kein heilig, kein rein, kein schmutzig, kein groß, kein klein usw. gibt, sondern nur Leere und Nicht-Handeln, und dass dies allein EIN GEIST ist und jede Ausschmückung davon immer nur ein Hilfsmittel zur Erkenntnis dieser Wahrheit – ohne dieses Verständnis hängt man nur einer Illusion an. Selbst wenn du das Wissen der Drei Fahrzeuge und zwölf Abteilungen des Mahâyâna-Kanons auswendig könntest, müsstest du es vollständig loswerden. Darum heißt es im Vimalakîrti-Sutra, dass es – genau wie ein kranker Mensch, der ans Bett gefesselt ist, nur in einem Bett liegt – nur einen Dharma gibt, der dem Dharma nicht im Weg steht, nämlich den Dharma des Nicht-Dharmas. Diese Sicht auf den Dharma kann allein die drei Bereiche des Körperlichen, Geistigen und Weltlichen durchdringen, und sie allein begründet den überweltlichen Buddha.

So wie jemand sich niederwirft und dabei an nichts festhält, ist auch diese Sicht keinesfalls ketzerisch. Denn da der GEIST ebenso wie der Dharma Nicht-Handeln ist und damit vom Dharma nicht verschieden, wird also alles vom Geist erzeugt. Wenn der Geist leer ist, dann ist jeder Dharma Leere und alle Dinge, sogar der Raum in allen zehn Richtungen, sind identisch mit dem Einen GEIST. Weil du aber an einer unterscheidenden Sicht festhältst, kennst du unterschiedliche Namen, Formen und Dinge, so wie alle göttlichen Wesen *(deva)* ihr Mahl zwar von einem einjuweligen Behälter nehmen, doch Farbe und Geschmack ihres Essens von ihrer jeweiligen Stufe des Segens und der erlangten Moral abhängen. Tatsächlich gab es also keinen Dharma, durch den all die Buddhas in den zehn Richtungen das erlangt hätten, was Höchste Erleuchtung genannt wird. Ohne die Unterscheidung in Form und Glanz gibt es weder Sieg noch Niederlage. Und wenn es keinen Sieg und keine Niederlage gibt, dann haben die fühlenden Wesen keine Form."

Frage: „Wenn es nie Form im GEIST gab, wie können wir da behaupten, dass es möglich sei, alle fühlenden Wesen durch die zweiunddreißig Attribute *(lakshana)* und die achtzig auffallenden körperlichen Merkmale zu retten?" Der Meister antwortete: „Die zweiunddreißig Attribute sind Form. Das Sutra sagt, dass alles mit Form unwirklich ist. Die achtzig auffallenden körperlichen Merkmale sind Erscheinung. Das Diamant-Sutra sagt: ‚Wer mich durch äußerliche Erscheinung sucht oder in Tönen, der beschreitet den Pfad der Ketzer und kann den Tathâgata nicht erfassen.'"

Frage: „Ist die Natur Buddhas wie die fühlender Wesen oder davon verschieden?" Der Meister antwortete: „Ihre Natur hat kein Merkmal wie gleich oder verschieden. Nehmen wir an, es gäbe eine Lehre der drei Fahrzeuge, die zwischen Buddha-Natur und der Natur fühlender Wesen unterschiede. Daraus folgte die Ansicht von Ursache und Wirkung, und von daher ließe sich ihrer Natur ein Merkmal wie gleich oder verschieden zuweisen. Wenn die Buddhas und Patriarchen jedoch nie auf solche Weise geredet haben, sondern lediglich auf den Einen GEIST verwiesen, dann gäbe es dieses gleich und verschieden nicht, keine Ursache und Wirkung und – außer als behelfsmäßige Lehre – kein zwei oder drei. Darum gibt es tatsächlich nur Ein Fahrzeug!"

Frage: „Kann der unermessliche Körper eines Bodhisattva gesehen werden oder nicht?" Der Meister antwortete: „Da gibt es wirklich nichts zu sehen. Warum nicht? Weil der unermessliche Körper eines Bodhisattva der Tathâgata ist – und da ist nichts zu sehen. Hege einfach keine Ansicht zu Buddha, dann wirst du nicht ins Buddha-Extrem verfallen; hege keine Ansicht zu den fühlenden Wesen, dann wirst du nicht ins Extrem der fühlenden Wesen verfallen; hege keinerlei Ansicht zur Existenz, zur Nicht-Existenz und zu weltlichen Kennzeichen und heiligen Merkmalen, dann bleibst du auch deren Extremen fern. Der Zustand des bloßen Seins ohne fixe Ideen ist bereits der Unermessliche Körper. Wenn du meinst, eine Ansicht zu brauchen, bist du ein Ketzer. Während Ketzer alle möglichen Meinungen haben, werden Bodhisattvas von keiner bewegt. Tathâgata bedeutet die Soheit aller Phänomene, das ununterschiedene Ganze aller Dharmas.

Maitreya und alle Heiligen und Weisen sind ebenfalls Soheit, sie kennen weder Geburt noch Tod noch Merkmale oder Meinungen. Der wahre Ausdruck Buddhas ist die Vollständige Sicht. Wenn du aber nicht die Ansicht der Vollständigen Sicht hegst, wirst du auch nicht in deren Extrem verfallen. Merke, dass der Körper Buddhas nur Nicht-Form und Nicht-Handeln ist, der sich in Phänomenen materialisiert, so wie im großen Raum der Leere weder Mangel noch Exzess herrscht. Unterscheide nicht in Selbst gegenüber Anderen, denn das würde zu illusionärem Wissen führen, also zu Bewusstsein. Versinke stattdessen im Ozean Vollständigen Bewusstseins, in dem du allein fließt, zurückkehrst und dahintreibst. Lerne einfach, wie du still erleuchtet und befreit werden kannst. Was die Neigung angeht, die Sieg bevorzugt und Niederlage ablehnt, so frage ich: Welchen Nutzen hat eine solche Ansicht? Ich habe dich gerade unterwiesen, dass du unabhängig vom gewöhnlichen Weg des Handelns und Wahrnehmens deinen Geist nicht wild herumspinnen lassen sollst. Wenn du aufhörst, irgendeine Ansicht zu hegen, dann ist es unnötig, nach Wahrheit zu suchen. In diesem Sinne sind sowohl Buddha als auch Mara von Übel. Darum sagte Manjushrî: ‚Wenn jemand die flüchtige, dualistische Ansicht von Transzendenz entstehen lässt und sie Wirklichkeit nennt, sollte er in die zwei eisernen Berge am Rand der Welt verbannt werden.' Manjushrî steht für die Weisheit der Wirklichkeit, während Samantabhadra das Wissen der relativen Wahrheit repräsentiert, denn es gibt nur Einen GEIST. Der GEIST ist weder nur die Natur von Buddha noch nur die von fühlenden Wesen. Sogar wenn du plötzlich eine Vision dieses Buddha hast, ist sie zugleich eine Vision der fühlenden Wesen. Die Ansicht, die an der Dualität von Existenz und Nicht-Existenz und von beständig und vergänglich festhält, ist so begrenzt wie von den zwei eisernen Bergen, denn Verstehen und Befreiung werden von jeglicher Art von Anschauung behindert. Aufzuzeigen, dass der Ursprüngliche GEIST aller fühlenden Wesen Buddha ist, war die einzige Absicht des Patriarchen, der aus dem Westen kam. Eher plötzlich als allmählich auf den Ursprünglichen GEIST weisend, zeigte der Patriarch, dass es weder hell noch dunkel war, dass es ohne hell kein dunkel gibt und ohne dunkel kein hell. Daraus folgte, dass es weder Unwissenheit noch ein Ende der Unwissenheit gibt. Sobald jemand die Tür des Dhyâna durchschreitet, sollte er dieses Bewusstsein und Verständnis haben. Diese Unterscheidung der Wirklichkeit ist der Dharma, der ein Bewusstsein von Buddha als kein Buddha, der Sangha als Sangha des Nicht-Handelns und der Verwirklichung der Wertvollen Drei als Ein Körper ist. Wenn du den Dharma besser verstehen willst, greife nicht nach der Sangha. Du solltest erkennen, dass es nichts zu suchen gibt. Greife auch nicht nach dem Buddha oder dem Dharma, denn es ist wirklich gar nichts zu suchen. Greife nicht nach dem Buddha auf deiner Suche, weil da kein Buddha ist. Greife nicht nach dem Dharma auf deiner Suche, weil da kein Dharma ist. Greife nicht nach der Sangha auf deiner Suche, weil da keine Sangha ist. Das ist der wahre Dharma."

Frage: „Meister, Ihr verbreitet gerade den Dharma, wie könnt ihr da behaupten, es gäbe keine Sangha und keinen Dharma?" Der Meister erwiderte: „Wenn du meinst, ich hätte Dharma zum Verbreiten, dann erfasst du den Tathâgata durch Ton. Wenn du den Tathâgata wirklich gesehen hast, dann nimmst du auch einen Ort wahr. Der wahre Dharma ist Nicht-Dharma! Der wahre Dharma ist GEIST! Sei dir also bewusst, dass im Dharma der GEIST-Übertragung Dharma tatsächlich niemals Dharma war. Ohne die Sicht von Dharma und Geist würden wir sofort verstehen, dass Geist Dharma ist. In diesem Augenblick würden wir den *Bodhimandala* (Kreislauf des Erwachens) errichten. Denk daran, es gibt wirklich nichts zu erlangen, denn der *Bodhimandala* ist gänzlich ohne Ansichten. Den Erleuchteten ist der Dharma Leere und Nichtheit. Wo wäre er je von Schmutz befleckt gewesen? Das ist das *Bhutatathata* (Stadium der Soheit) in seiner Reinheit. Wenn du intuitiv diese Wahrheit erfasst, wirst du Freude und Freiheit jenseits der Vorstellungskraft erleben."

Frage: „Ihr sagt, ursprünglich sei da Nichtheit. Bedeutet diese Anschauung nicht, dass da Nichtheit ‚ist'?" Der Meister antwortete: „Nichtheit ist auch ‚nicht ist'. Erwachen *(bodhi)* ist nirgendwo und kennt ebenfalls keine solche Ansicht."

Frage: „Was ist Buddha?" Der Meister antwortete: „Dein GEIST ist Buddha. Buddha und GEIST sind nicht verschieden. Wenn der GEIST verschwände, wäre sonst nichts Buddha."

Frage: „Wenn der eigene GEIST Buddha ist, wie kann er dann vom Patriarchen, der aus dem Westen kam, übertragen werden?" Der Meister sagte: „Der Patriarch, der aus dem Westen kam, übertrug nur den Buddha-GEIST und zeigte direkt auf, dass Ursprünglicher GEIST Buddha ist. Ursprünglicher GEIST ist nicht verschieden vom so genannten Patriarchen. Wenn du diese Bedeutung tief erfasst, wirst du plötzlich die Drei Fahrzeuge und alle Stufen des Bodhisattva-Fortschreitens transzendieren und erkennen, dass es nicht nötig ist zu praktizieren, da alles ursprünglich Buddha ist."

Frage: „Wenn plötzlich alle Buddhas aus allen zehn Richtungen erschienen, welchen Dharma würden sie lehren?" Der Meister erwiderte: „Die Buddhas aus den zehn Richtungen würden nur den Dharma des Einen GEISTES verkünden. Darum übergab der von der Welt Geehrte dem Mahâkâshyapa nur diesen geheimen Dharma. Der Dharma des Einen GEISTES besteht aus vollkommener Leere und dem universellen *Dharmakâya,* der allein ‚Die Wahrheit aller Buddhas' genannt wird. Man kann diesen Dharma nicht in subjektiver oder objektiver Dualität suchen; er kann auch nicht beim Untersuchen von Büchern oder Konzepten gefunden werden, noch in Zeit und Raum. Er kann nur stillschweigend verstanden werden. Dies ist der Eingang, um den Dharma des Nicht-Handelns zu verstehen. Wenn du dies begreifen willst, dann sei einfach ohne Geist, und plötzlich wirst du erleuchtet; mit einer Absicht und einem Plan zu lernen oder mit dem Begehren, etwas zu bekommen, wirst du dich nur weit entfernt von der Wahrheit wiederfinden. Wenn du kein Unterscheiden kennst, keinen Gedanken ergreifst und alle Ansichten abwirfst, dann wird der Geist – so fest und hart wie ein Stück Holz oder ein Stein – die Möglichkeit haben, das Tao zu verwirklichen."

Frage: „Nun gibt es doch tatsächlich so viele falsche Gedanken, wie könnt Ihr da sagen, es gäbe keine?" Der Meister erwiderte: „Falsche Gedanken haben keine Selbst-Natur, denn sie entstehen aus deinem unterscheidenden Geist. Wenn du erkennst, dass der GEIST Buddha ist, dann ist der GEIST nicht falsch, und es entsteht auch kein Gedanke, der den GEIST als falsch ansieht. Wenn du also keinerlei Gedanken entstehen lässt und keinerlei Denken beginnst, dann ist da natürlich auch kein falscher Gedanke. Wenn sich der Geist bewegt, werden alle Arten von Gedanken geschaffen, doch wenn der Geist ausgelöscht ist, dann verschwinden alle Arten von Dingen."

Frage: „Wenn falsche Gedanken keimen, wo ist dann der Buddha?" Der Meister antwortete: „Wenn du das Keimen falscher Gedanken wahrnimmst, dann ist genau diese Wahrnehmung Buddha. Ist da kein falscher Gedanke, dann ist da kein Buddha. Warum nicht? Wenn du eine Meinung von Buddha hast, dann wirst du denken, dass da ein Buddha erlangt werden könne. Wenn du eine Meinung von fühlenden Wesen hast, dann wirst du glauben, dass da wirklich fühlende Wesen zu erlösen seien. So sieht dann die Gesamtheit deiner falschen Gedanken aus. Wenn du aber ohne jeden Gedanken und ohne jede Ansicht bist, wo ist dann der Buddha? Darum sagte Manjushrî: ‚Irgendeine Ansicht über Buddha zu hegen ist so, als würde man von zwei eisernen Bergen begrenzt und behindert.'"

Frage: „Im Augenblick der Erkenntnis, wenn man Erleuchtung erlangt, wo ist da der Buddha?" Der Meister antwortete: „Von wo kommt diese Frage und von wo entsteht Erkenntnis? Unterredung und Schweigen, Bewegung und Stille, Ton und Form sind alle Buddha-Angelegenheiten – wo sonst kannst du also Buddha suchen? Du solltest nicht versuchen, einen Kopf auf einen Kopf zu setzen oder einem Mund einen Mund beizugeben. Lass einfach jede unterscheidende Ansicht sausen, dann ist ein Berg ein Berg, Wasser ist Wasser, Sangha ist Sangha, Laie ist Laie, und diese Berge, Flüsse, die Erde, die Sonne, der Mond und alle Planeten sind überhaupt nichts mehr außerhalb deines Geistes.

Selbst die drei Arten der Tausenden von großen Galaxien sind alle dein eigenes

Selbst und nichts außerhalb deines eigenen Geistes. Folglich sind die grünen Berge und blauen Gewässer sowie die zahlreichen Augen der unbegrenzten Welt nur von klarer Leere. Wenn du die ‚Nicht-Sicht' auf Dinge hegst, dann werden sogar Töne und Formen zum Weisheits-Auge Buddhas. Die Lehre, dass Phänomene wirklich sind, bringt kein einziges Ding hervor, das von einem erschaffenen Bereich abhängt. Dennoch wendete der Buddha bei fühlenden Wesen verschiedene Arten von Weisheit an. Doch sagte er eigentlich nichts, auch wenn er den ganzen Tag sprach, und die fühlenden Wesen hörten nichts, auch wenn sie vom Morgen bis in die Nacht lauschten. Daher kann man schließen, dass der Buddha Shâkyamuni neunundvierzig Jahre lang den Dharma lehrte und doch nie ein einziges Wort sagte."

Frage: „Wenn es wirklich so ist, wo ist dann Erwachen *(bodhi)?"* Der Meister antwortete: „Erwachen ist nirgendwo! Selbst Buddha hat nie Erwachen erlangt, weil es alle fühlenden Wesen nie verloren haben. Es wird weder vom Körper erlangt noch vom Geist gesucht. Alle fühlenden Wesen sind in der Tat eine Form der Weisheit."

Frage: „Wie ist es möglich, den Höchsten Erleuchteten GEIST zu entwickeln?" Der Meister sprach: „Erwachen bedeutet, nichts zu erlangen. Selbst jetzt, wenn du einem Gedanken zu entstehen erlaubst, bekommst du nichts. Die Erkenntnis, dass es absolut nichts zu erlangen gibt, ist der Erleuchtungsgeist. Die Erkenntnis, dass es keinen Ort zum Verweilen und nichts zu bekommen gibt, ist Erwachen. Darum meinte Shâkyamuni Buddha: ‚Da es tatsächlich keinen Dharma gab, durch den der Tathâgata Höchste Erleuchtung erlangte, sagte Dîpamkara Buddha über mein letztes Leben voraus: ‚In deinem nächsten Leben wirst du ein Buddha namens Shâkyamuni.‘ Dadurch wird klar, dass alle fühlenden Wesen ursprünglich Erwachen *(bodhi)* sind, dass also wiederum kein Erwachen zu erlangen ist. Du hast also nun gehört, wie Erleuchtungs-GEIST tatsächlich zu entfalten ist. Glaubst du immer noch, dass es da einen GEIST zu entwickeln gäbe? Glaubst du wirklich, dass es einen Buddha zu erlangen gäbe? Wenn du auf diese Art übtest, würdest du selbst in drei ewig langen *Asamkhyeya*-Zeitaltern nur den *Sambhogakâya* und den *Nirmânakâya* erlangen. Was haben die aber mit deinem Ursprünglichen Buddha-GEIST zu tun? Die Form des Buddha-GEISTES außerhalb deines eigenen Geistes zu suchen beruht auf einer Illusion, denn was immer du da finden wirst, ist nicht der Ursprüngliche Buddha-GEIST.“

Frage: „Wenn ursprünglich alles Buddha ist, wie kann es da vier Arten von Geburt, sechs Bedingungen fühlender Existenz und all die unterschiedlichen Formen geben?“ Der Meister sagte: „Der universelle Körper aller Buddhas, der nicht zunimmt und nicht abnimmt, repräsentiert überall die vollkommene Zusammensetzung. Alle fühlenden Wesen sind Buddha, wie wenn ein großer Quecksilbertropfen sich an viele Orte verteilt, aber jeder kleinere Tropfen dort rund wie der ursprüngliche ist und alle Einzelteile schon im noch ungeteilten Original als Möglichkeit angelegt sind. Eines ist alles und alles ist eines! Nimm ein Haus als weiteres Beispiel. Wir verlassen das Haus eines Esels, um das Haus eines Menschen zu betreten. Genauso verlassen wir den Körper eines Menschen, um den Körper eines himmlischen Wesens anzunehmen. Bis du die Häuser der *Shrâvakas*, Pratyeka-Buddhas, Bodhisattvas und Buddhas betrittst, wirst du weiterhin diverse Orte und Körper annehmen, ablehnen und unterscheiden und so den Unterschied von Name, Form und Leiden erfahren. Doch wo ist in deiner Ursprünglichen Natur irgendeine Unterscheidung?“

Frage: „Wie ist es möglich, den Dharma zu verbreiten und die Handlungen des großen Mitempfindens aller Buddhas zu vollziehen?“ Der Meister antwortete: „Dieses Mitempfinden Buddhas ohne unmittelbare Ursache ist das Große Mitempfinden. Wenn du keinen Buddha zu erlangen trachtest, dann ist das Großes Mitempfinden. Wenn du kein fühlendes Wesen als vom Leiden zu befreien siehst, dann ist das jedoch sehr bedauerlich. Um den Dharma zu verbreiten, sprich nicht und weise nicht hin; um dem Dharma zu lauschen, höre nichts und begehre nichts zu erlangen. Wenn du als illusionäre Person den Dharma einer anderen illusionären Person verkündest, oder wenn du meinst, den Dharma richtig verstanden zu haben, weil du ihn von einem tugendhaften Freund vernahmst, oder wenn du den Wunsch entstehen lässt, Gelehrsamkeit und Mitempfinden zu erwerben, dann sind doch alle diese Umstände eindeutig nicht dein Erleuchteter GEIST. Wenn du solche Ansichten hegst, wirst deine Arbeit am Ende völlig fruchtlos bleiben."

Frage: „Was ist unverfälschtes Fortschreiten?" Der Meister erläuterte: „Wenn du dir das Aufkommen jeglicher Ansicht über Körper und Geist versagst, dann ist dies das höchste und mächtigste unverfälschte Fortschreiten. Selbst den kleinsten Gedanken zuzulassen bedeutet jedoch, außerhalb zu suchen; dann wirst du wie Kaliraja [der brutale Könige von Magadha] Lust bekommen, hier und da hinzureisen und auf Jagd zu gehen. Doch der GEIST, der nicht außerhalb seiner selbst sucht, ist wie der Ksantyrsis [Shâkyamuni in einer früheren Existenz, der Verstümmelungen ertrug, um Kaliraja zu bekehren]. Ohne jede Ansicht zu Körper und Geist zu sein ist der Weg Buddhas."

Frage: „Wenn wir den Dharma ohne Unterscheiden praktizieren, wie wissen wir dann, dass es der rechte Dharma ist?" Der Meister erwiderte: „Ohne unterscheidenden Geist zu sein ist der rechte Dharma. Wenn du dir richtig oder falsch erdenkst oder auch nur einem einzigen Gedanken Raum gibst, dann entsteht die Idee eines Ortes; ohne einen einzigen Gedanken verschwinden jedoch Ideen von Ort und Geist. Tatsächlich gibt es nichts zu suchen."

Frage: „Wie ist es möglich, die drei Reiche zu verlassen?" Der Meister erwiderte: „Ohne eine Ansicht von gut und böse zu sein bedeutet, die drei Reiche zu verlassen. Der Tathâgata erschien in der Welt, um die drei Arten der Existenz zu widerlegen. Wenn du also ohne irgendeinen Geist bist, dann sind da plötzlich keine drei Reiche mehr. Um das zu illustrieren: Wenn ein Molekül in hundert Teile aufgespalten wird und neunundneunzig davon zerstört werden, also nur ein Teil übrig bleibt, dann macht dieses eine Überbleibsel, genau wie der kleinste unterscheidende Gedanke, den Sieg des Großen

Fahrzeugs unmöglich. Bis der letzte Rest von Unterscheidung verschwunden ist, kann der Mahâyâna-Dharma nicht wirklich siegreich sein.“

Der Meister sagte: „Der GEIST ist Buddha. Alle Buddhas und fühlenden Wesen haben die gleiche Buddha-Natur und einen GEIST. Darum kam Bodhidharma aus dem Westen, um die Lehre des Einen GEISTES zu übermitteln. Da aber der Geist aller fühlenden Wesen der gleiche wie die ursprüngliche Buddha-Natur ist, ist es nicht notwendig, zu praktizieren; denn wenn man seinen eigenen GEIST erkennt und seine eigene Natur schaut, dann gibt es außerhalb von einem selbst überhaupt nichts zu suchen. Doch wie kann man seinen eigenen GEIST erkennen? Nur dieser GEIST selbst will den GEIST begreifen, der dein eigener GEIST ist, so leer wie der Ursprüngliche GEIST und ohne Worte und Wirkung. Wir sollten aber nicht nur über Existenz reden.“

Der Meister sagte: „Die wahre Natur des Geistes ist ohne Kopf und ohne Schwanz. Dies wird zweckdienliche Weisheit genannt und wird benutzt, um fühlende Wesen gemäß ihren Fähigkeiten zu bekehren und zu befreien. Wenn keine Bekehrung fühlender Wesen geschieht, können wir nicht sagen, ob es Existenz oder Nicht-Existenz gibt. Darum sollte man dies so verstehen: Lasse dich einfach in Leere nieder, das ist der Weg aller Buddhas! Das Sutra sagt: ‚Man soll einen Geist entwickeln, der in überhaupt nichts verweilt.‘ Alle fühlenden Wesen erfahren in unzähligen Seelenwanderungen Geburt und Tod, weil sie ein eigensinniges Gemüt haben, das sich an den Weg der sechs Sinne und der Existenz, also das Rad von Leben und Tod klammert und so andauerndes Leiden erzeugt.

Im Vimalakîrti-Sutra heißt es: ‚Es ist sehr schwer, Menschen zu bekehren, da ihr Geist so störrisch wie der von Affen ist.‘ Sie kennen verschiedene Methoden, sich gegen ein Bekehren zu schützen, und nur nach langer Zeit und ganz allmählich können sie ihren Geist unter Kontrolle bringen. Wenn der Geist aufrührt, werden alle Arten von Dingen erschaffen; wenn der Geist getilgt ist, verschwinden alle Arten von Dingen. Auf diese Weise werden menschliche und göttliche Wesen sowie die sechs Wege der fühlenden Existenz vom Geist erzeugt. Wenn du die Wahrheit verstehen oder die Wirklichkeit des Nicht-Geistes erlangen möchtest, bringe alle nebensächlichen Bedingungen zum Stillstand, lasse also unverzüglich keine falschen und unterscheidenden Gedanken mehr entstehen. Ohne andere ist da kein Selbst, keine Gier, kein Hass, keine Liebe, keine Verachtung, kein Sieg und keine Niederlage. Vernichte also einfach alle Täuschung, und was übrig bleibt, sind Ursprünglich Leuchtendes Natürliches Erwachen und Dharma. Wenn du das nicht verstehst, magst du zwar ausgiebig studieren und eifrig üben; doch selbst wenn du ein einfaches Leben führst, aber nie deinen eigenen GEIST begreifst, wirst du am Ende die Früchte üblen Handelns erzeugen und womöglich gar ein Teufelswesen *(devamara)*, ein Ketzer oder ein Gott von Wasser und Land werden. Welchen Nutzen hätte eine solche Praxis? Meister Chi Kung sagte: ‚Die Buddha-Natur ist dein eigener GEIST, wie kannst du da nach ihr suchen oder sie in Worten und Konzepten finden?' Erkenne einfach deinen eigenen GEIST und halte dein Denken an, dann werden falsche Gedanken und die Sorgen der Welt von selbst verschwinden. Das Vimalakîrti-Sutra sagt: ‚So wie ein Mensch durch Krankheit ans Bett gefesselt wird und sich ausruht, um zu Kräften zu kommen, so erlaube keinem Gedanken zu entstehen. So wie einer krank im Bett liegt und sich zu heilen sucht, beende alle Aktivitäten, die diese Krankheit befeuern. Wenn falsche Gedanken enden, erscheint Erwachen.' Befindet sich dein Geist also in großer Verwirrung, wirst du selbst auf der Stufe der Drei Fahrzeuge und beim Praktizieren aller Stufen des Bodhisattva-Fortschreitens nur weiter zwischen weltlichen und heiligen Ansichten schweben. Du musst erkennen, dass alles unbeständig ist und alle Macht vergeht; so wie ein in den Himmel geschossener Pfeil, wenn er die Energie des Abschusses verbraucht hat, zur Erde fällt, so kreisen die Menschen fortwährend in den verschiedenen Stadien von Seelenwanderung, also Geburt und Tod umher. Wenn wir den Dharma nicht verstehen und anwenden, dann werden wir weiterhin leiden, in Unwissenheit agieren und nichts erreichen.

Meister Chi Kung sagte: ‚Wenn du nicht mit einem Lehrer von Bildern überweltlicher Wirklichkeit studierst, dann wird es nutzlos sein, die Medizin des Mahâyâna-Dharma einzunehmen. Lerne lieber, beim Gehen, Stehen, Sitzen und Liegen ‚ohne Geist', ohne Unterscheiden und ohne Abhängigkeit von irgendetwas zu sein. Lerne also, weder zu verweilen noch zu ergreifen. Dann wirst du erblühen und glücklich sein, wie es dir beliebt, selbst wenn du anderen wie ein Narr vorkommst. Keiner auf der ganzen Welt wird dich erkennen, doch du wirst das auch nicht brauchen. Dein Geist wird wie ein ungeschliffener Stein ohne Riss sein, den nichts verletzen kann. Fest zu stehen, ohne zu ergreifen, ist mit diesem Stadium vergleichbar. Man durchquert die Regionen der drei Sinnesbereiche und befindet sich plötzlich in überweltlicher Realität. Nicht den kleinsten Funken des Geistes zu ergreifen ist leidenschaftslose Weisheit. Erzeuge weder das Karma von Menschen und Göttern noch das der Hölle. Lasse keinen einzigen Gedanken zu, dann wirst du ans Ende des bedingten Geistes gelangen. Auf dieser Stufe sind Körper und Geist frei, aber noch nicht ‚nicht-wiedergeboren', sondern wiedergeboren aufgrund eigener Wünsche. Darum sagt das Sutra: ‚Der Bodhisattva nimmt nach seinem Willen einen Körper an.' Wenn du den Geist nicht verstehst oder irgendeine Form ergreifst, dann erzeugt dies nur das Karma eines Schlangengottes. Selbst sich mit buddhistischen Ritualen zu beschäftigen oder Praktiken wie im Reinen-Land-Buddhismus zu folgen kann, wenn man daran haftet, zu einem Hindernis bei der Erkenntnis Buddhas werden. Wegen solcher Hindernisse in deinem Geist und deinem Gebundensein an die Bedingungen der Disziplin, die von Ursache und Wirkung erzeugt wurden, gibt es für dich keine Freiheit, nach eigenem Wunsch in irgendeinen der verschiedenen Daseinsbereiche zu gehen oder ihn zu verlassen.

Der Dharma des Erwachens war ursprünglich nicht-existent, doch die gesamte Lehre des Tathâgata wird als geschicktes Mittel benutzt, um die Umwandlung aller fühlenden Wesen zu bewirken. So wie man goldgelbe Blätter verwendet, um vorübergehend das Schreien eines Babys zu beenden, und diese gar nicht wirklich aus Gold sind, so ist da ein Dharma, den wir Höchste Erleuchtung nennen. Wenn du diese Lehre bereits verstehst, gibt es überhaupt keinen Grund, eifrig zu praktizieren. Tilge einfach dein altes Karma und erzeuge kein neues Unglück. So wird dein Geist für immer strahlend und klar sein. Und: Lege all deine früheren Ansichten ab. Das Vimalakîrti-Sutra fordert: ‚Lösche alles aus!' Das Lotus-Sutra rät: ‚Versuche mal, den ganzen Mist aus deinem Geist zu schaufeln, der sich dort seit Dekaden angesammelt hat!' Tilge einfach die Ansicht von Ort und Form aus deinem Geist, und der Dreck der Spitzfindigkeit wird verschwinden. Nur dann wirst du erkennen, dass die Schatzkammer des Tathâgata ursprünglich Leere ist. Darum sagt das Sutra: ‚Alle Buddha-Länder sind wahrhaft Leere.' Wenn du glaubst, dass irgendwelche Buddhas Erleuchtung erlangt haben, indem sie lernten und praktizierten, dann wirst du dafür keinen Beleg finden.

Wenn jemand an der Anschauung von subjektiv und objektiv festhält, dann wird er sich stolz fühlen, nachdem er ein wenig studiert und praktiziert hat, er wird glauben, stillschweigend verstanden und Erleuchtung in der Chan-Methode erlangt zu haben. Treffen wir so jemanden, der überhaupt nichts begriffen hat, dann tadeln wir ihn für sein Unwissen. Wird er von anderen geachtet, könnte er sich ihnen überlegen fühlen und so weitere unheilsame geistige Bedingungen für sich schaffen. Studiert jemand Chan mit solch einer Ausrichtung, dann ist es ihm unmöglich, tiefgründiges Verständnis zu erlangen; selbst wenn es ihm gelingt, eine kleine Idee oder Theorie zu begreifen, so erlangt er als Folge davon bloß ein weiteres Kennzeichen seines Geistes, jedoch keine Einsicht in Chan oder das Tao. Deshalb hat Bodhidharma mit seinem Sitzen vor der Wand den Menschen ein Beispiel gegeben, alle Ansichten völlig abzulehnen. Denn: Ohne Beweggrund zu sein ist der Weg Buddhas. Jedes Unterscheiden bringt einen nur auf die Stufe Maras. Dem unwissenden Menschen geht Buddha-Natur nie verloren, für den Erwachten gibt es nichts zu erlangen. Tatsächlich ist Buddha-Natur ursprünglich weder getäuscht noch erleuchtet. Merke, dass die Endlosigkeit der zehn Richtungen des unbegrenzten Raumes ursprünglich der eigene GEIST ist. Selbst wenn du schöpferische Energie und körperliche wie geistige Fähigkeiten besitzt, bist du nie getrennt von der Leere. Die Leere hat weder Großes noch Kleines in sich. Sie ist leidenschaftslos, weder aktiv noch nicht-aktiv. Sie ist weder getäuscht noch erleuchtet, sie kennt keine Ansicht, die von den Störungen der Phänomene verursacht wäre. Sie weiß weder um fühlende Wesen noch um Buddhas und hängt von nichts ab, nicht vom kleinsten Staubpartikel oder

Lichtstrahl. Sie ist grundsätzlich rein und leuchtend und identisch mit der endlosen Geduld des Unerschaffenen. Der wahre Buddha hat weder einen Mund noch hat er einen Dharma zu verkünden und zu verbreiten. Es heißt, wir würden den wahren Dharma ohne Ohren hören – doch wer ist es, der hört? Darüber sollte man gründlich nachsinnen. Es gibt wirklich nichts darüber zu sagen."

Eines Tages predigte der Meister der Mönchsversammlung in der Dharma-Halle: „Wenn ihr nicht eher früh als spät erwacht, dann habt ihr am Ende eures Lebens keine Gewähr, nicht in Schwierigkeiten zu geraten." In diesem Moment redeten einige Ketzer in der Halle lautstark davon, eine bestimmte Stufe ihrer Meditationspraxis *(kung fu)* erlangt zu haben. Einer der Männer lächelte sarkastisch und meinte: „Im Augenblick des Sterbens werde ich noch immer mein *kung fu* haben." Der Meister erwiderte darauf: „Ich wüsste gern, was du dir selbst sagst, wenn du plötzlich deinen letzten Atemzug tust, damit du nicht vom endlosen Kreislauf von Geburt und Tod gefangen wirst. Denk mal darüber nach! Du solltest doch einen Plan oder eine Einsicht für diese letzten Momente haben, also sag mal: Wo ist da irgendein eingeborener Maitreya und wo finden wir den natürlichen Shâkyamuni? Einige meinen, es gäbe einen

Götterhimmel und eine Hölle voller wilder und hungriger Geister. Wenn du einen kranken Menschen sähest, könntest du ihm einfach raten, sich hinzulegen und sich auszuruhen. Wenn du aber selbst krank bist, kannst du dich womöglich nicht konzentrieren, und du bist vielleicht verwirrt und hast Angst, dich hinzulegen und auszuruhen oder auch nur irgendeine Medizin einzunehmen. Selbst wenn du dich mit den Schwertern der Hölle selbst und dem siedenden Öl eines Kochtopfes verteidigen könntest, würde dir in diesem Moment keinerlei Hilfe von irgendeinem Wesen mit überweltlichen Kräften zuteil. Darum solltest du zur rechten Zeit einen Plan für dich entwickeln, den du dann im Notfall anwenden kannst. Verschwende nicht deine Kräfte! Du solltest diesen Plan nicht zu spät schmieden, um nicht in eine bedauerliche und sinnentleerte Situation zu geraten. Befände sich dein Geist im letzten Augenblick in einer hysterischen Aufregung, wie könntest du da dem Chaos und der Auflösung deines Körpers entfliehen? Deine Aussichten wären dann düster, und ohne Einsicht wüsstest du nicht, wie mit der Situation umzugehen ist. Ach! Üblicherweise erfahren Menschen vom *Samâdhi,* nur um dann in Plattitüden vom Chan oder Tao zu reden oder den Buddha anzuschreien und die Patriarchen zu schelten. Während des letzten Atemzuges, den man macht, ist das alles jedoch nutzlos und vergebens. Wenn du dich stets durchs Leben geschwindelt und gelogen hast, dann wirst du dich auch an deinem letzten Tag noch selbst betrügen. Die *Avîci*-Hölle hat dich bereits gefangen genommen, und im letzten Moment kannst du ihr auch nicht mehr entfliehen.

Im Zeitalter des Dharma-Verfalles, wenn der Dharma fast verschwunden ist, ist die rechte Gelegenheit für jene Mönche, die ein Großes Gelübde abgelegt haben, dieses Gelübde nicht erlahmen oder absterben zu lassen: den Dharma zu verbreiten und künftigen Generationen das Weisheitsleben aller Buddhas zu erhalten und zu vermitteln. Wir kennen einige Wandermönche, die sich lieber am Anblick des Strahlens der Berge und der Schönheit der Flüsse ergötzen. Sie wissen jedoch nicht, wie viel Zeit ihnen noch in diesem Leben bleibt, denn wenn bloß ein winziges Ausatmen nicht als Einatmen wiederkehrt, dann seid ihr bereits auf dem Weg ins nächste Leben. Niemand weiß, was vor uns liegt oder was uns im nächsten Leben erwartet. Ach! Mein Rat an all meine Glaubensbrüder ist darum, dass ihr euer Versprechen erfüllt, solange ihr bei guter Gesundheit seid, und sogleich jede gute Gelegenheit zum Erwachen nutzt. Tut dies jetzt! Wartet nicht! Dies ist die Universelle Erleuchtung und die Große Befreiung, die gewöhnliche Menschen so sehr verwirrt. Diese Verwirrung ist so leicht zu überwinden wie alle Verständnishürden. Wenn ihr aber keinerlei Ehrgeiz und keine Entschlusskraft für die Übung entwickelt und nur endlos daherquatscht, wie schwer das doch alles sei, dann wird es euch nicht gelingen. Denkt stattdessen an die hölzerne Schöpfkelle, die ihr Leben in einem Baum begann. Dessen eingedenk, ändert eure Art zu denken und wendet euch dem Rechten Weg zu. Wenn ihr wirklich mutig seid, sucht euch ein *kung-an (kôan).*“

„Ein Mönch fragte Meister Chao-Chou: ‚Hat ein Hund Buddha-Natur?‘ Chao-Chou antwortete: ‚Nichts!‘ Da konzentrierte der Mönch seinen Geist sofort ausschließlich auf dieses Wort ‚nichts‘. Den ganzen Tag lang praktizierte er so, ob er ging, stand, saß oder lag. Selbst wenn er aß, sich anzog oder zum Pinkeln ging, waren sein Geist und seine mentale Kraft jederzeit konzentriert, um tiefgründig das Wort ‚nichts‘ zu verstehen. Allmählich ging ihm auf, dass ‚nichts‘ *(wu)* tatsächlich genau so war. Wenn du plötzlich über die Natur Buddhas erleuchtet wirst, dann kann dich keiner auf der Welt mehr für dumm verkaufen, egal, wie schlau er ist. In diesem Sinne könnte man sagen, dass Bodhidharma aus dem Westen kam, um aus nichts eine Menge Ärger zu machen. Man könnte auch behaupten, als der von der Welt Geehrte die goldene Blume hochhielt, war sein Auftritt komplett daneben. Außerdem könnte man meinen, dass Yama, der König der Hölle, sowie alle Heiligen und Weisen nicht von einem selbst verschieden sind. Es ist egal, ob du glaubst oder nicht, denn was wirklich ist, das befindet sich jenseits deiner Vorstellungskraft. Warum ist das so? Weil ohne ein Problem oder ein Leiden in der Welt, das auf falscher Vorstellung oder Illusion beruht, niemand irgendetwas fürchten oder irgendetwas begehren müsste."

Hymne (Gâtha)

Wirf alle Probleme der Welt fort,
das ist die außerordentlichste Tat.
Wie in einer Oper ergreife das Seil,
um weiter zu schwingen
und voranzukommen.
Wenn du nicht wenigstens einmal
bis auf die Knochen gefroren hast,
wie könntest du dann je
den warmen Duft
von Pflaumenblüten riechen?

Gâtha von Pei Hsiu

Hiermit erhielt ich den Dharma der Übertragung des GEISTES, wie er in den Aufzeichnungen von Chung-Ling und Wan-Ling zum Ausdruck kommt, vom Chan-Meister Huang-po (Hsi-yün). Darum verfasste ich eine *Gâtha* über die Übertragung des GEISTES.

Der GEIST kann nicht übertragen werden,
stillschweigend zu verstehen ist Übertragung.
Der GEIST kann überhaupt nichts erkennen,
doch Nichtheit ist wahres Erkennen.
Das Kerbholz ist nicht das Kerbholz,
und nichts ist auch nicht nichts.
Verweile nicht in der Stadt der Illusionen,
sonst wirst du die Perle auf deiner Stirn
missdeuten.
Doch Vorsicht, „Perle" ist nur ein Hilfsmittel,
denn wie könnte die Stadt der Illusionen
irgendeine Form haben?
Nur der GEIST ist Buddha,
Buddha ohne Geburt.
Verstehe also unmittelbar, dass „es ist!",
ohne zu suchen oder zu handeln.
Für einen Buddha ist es Kraftverschwendung,
einen Buddha zu suchen.
Wenn du eine Ansicht von Dharma
entstehen lässt,
fällst du ins Reich der Dämonen.
Unterscheide nicht in Weltliches und Heiliges,
dann werden Sehen und Hören verschwinden.
Wie ein klarer Spiegel, sei ohne Geist,
dann wirst du mit nichts in Wettstreit treten.
Wie die leuchtende Leere sei ohne Denken,
dann enthältst du die zehntausend Dinge.

Die Drei Fahrzeuge sind außerhalb des Dharma,
doch das zu verstehen geschieht
im Laufe der Zeiten nur selten.
Erlangt jemand eine solche Erkenntnis,
dann ist er ‚der Held, der die Welt verlässt'.

Diese *Gâtha* hörte ich einst von einem Großen Wesen *(mahâsattva),* das auf der Ostseite des Flusses lebte und mit dem Meister in Kao-An war, als dieser den Dharma der Übertragung des Geistes dem Premierminister P'ei Hsiu predigte. Zu jener Zeit verfasste P'ei Hsiu diese *Gâtha* und zeichnete die Lehre des Meisters so klar und brillant auf, als hätte er ein Bild gemalt, in der Hoffnung, die Tauben und Blinden mögen so schlagartig erwachen. Da es bedauerlich wäre, wenn P'ei Hsius Aufzeichnung der Meisterworte verloren ginge oder zerstört würde, habe ich sie in dieser Ausgabe zusammengestellt und herausgegeben.

Lobende Worte von der Südschule des Chan,
im Jahr des Ching-Li Wu-Tzu,
Meister Tien Jen

Nachschrift

Der Dharma der GEIST-Übertragung fand mit einem Lächeln auf dem Geiergipfel (Grdhrakuta) statt. Dies geschah ebenfalls während Bodhidharmas Meditation beim Shaolin-Tempel, wo er sich niedergelassen hatte und unmittelbar auf den GEIST zeigte. Shen-Kuangs Methode bestand darin, den Geist zu beruhigen, während Ma-Tso glaubte, das Wissen, dass der GEIST Buddha ist, sei bereits genug. Huang-po, Pai-chang und all die anderen großen Meister übertrugen den GEIST im Geheimen. Von der tief greifenden Gunst der Großen Gelegenheit bis zum Erblühen der Großen Wirkung hängt alles vom GEIST ab, so wie hochschlagende Wellen vom Ozean abhängen und sich nie von ihm trennen. Wie ein Stück Gold verwendet wird, um verschiedene Behälter daraus zu machen, und keiner dieser Behälter je das Gold verändert, so bilden die Phänomene des Universums bloß den Dharma des Einen GEISTES ab und beweisen ihn.

Premierminister P'ei Hsiu wurde während der T'ang-Dynastie bei Hsin-An beschäftigt. Eines Tages brachte er im Tempel Tai-An Weihrauch dar und erblickte ein Gemälde, das an der Wand hing. Er fragte einen Mönch: „Wer ist die Person in diesem Gemälde?“ Der Mönch antwortete: „Das ist ein echtes Porträt eines bedeutenden Mönches.“ P'ei Hsiu erkundigte sich: „Dieses Porträt ist wirklich einen Blick wert, doch wo befindet sich dieser bedeutende Mönch?“ Der anwesende Mönch konnte ihm nicht antworten, doch genau in diesem Moment tauchte Meister

Huang-po (Hsi-Yun) auf. Der Premierminister sagte: „Ich habe gerade eine Frage, die der tugendhafte Mönch hier zögert zu beantworten. Könnte Ihr mir bitte behilflich sein?“ Der Meister sagte: „Wie ist deine Frage, bitte?“ Der Premierminister wiederholte seine Frage von zuvor. Da rief der Meister laut: „P’ei Hsiu!“ Dieser erwiderte: „Ja!“ Da fragte der Meister: „Wo bist du?“ Plötzlich wurde der Premierminister erleuchtet und entdeckte die Perle auf seiner Stirn. Daraufhin lud er den Meister in seine Residenz ein. Ehrfürchtig und fromm nahm er bei ihm die Drei Zufluchten, wodurch er zum Schüler des Meisters wurde. Danach verfasste er eine *Gâtha* zum Lobe des Meisters:

Seit der Übertragung des Geistes
  durch den *Mahâsattva*
blieb der sieben Fuß große Riese
  mit der strahlenden Perle auf seiner Stirn
zehn Jahre lang in Shu-Shui (Sezuan).
Erst heute überquerte er den Fluss Chang-Pin
  in einer Schale.
Tausend Schüler und große Heilige folgen ihm
und verstreuen zehntausend Meilen weit
  Blumen, um ihn zu feiern.
Ich möchte ein Schüler und Diener
  dieses Meisters werden,
auch wenn ich nicht weiß,
  wem er den Dharma übertragen wird.

Seit dieser Zeit hatten Schüler und Lehrer einvernehmliche Begegnungen und Bestätigungen in Bezug auf das Studium des Tao. P’ei Hsiu wollte die tiefgründige Bedeutung hören und zeichnete Huang-pos Worte in einem Werk mit dem Titel „Der Dharma der Geist-Übertragung" auf, zu dem er selbst das Vorwort schrieb. Später in der T'ang-Dynastie hat jedoch ein Unbefugter dieses Werk publiziert. Danach wurde es nach Japan gebracht und dort weit verbreitet. Einst las es in seiner Freizeit der Provinzgouverneur von Yueh-Chow, ein Almosenspender mit dem festen Entschluss, die buddhistischen Schriften zu studieren. Danach befragte er mich sehr häufig über den Dharma der GEIST-Essenz. Ich wies ihn aufrichtig an, sich ganz der Konzentration seines Geistes zu widmen. Er war erfolgreich und spendete darum etwas Geld für den Neudruck der Ausgabe aus der T'ang-Dynastie, und er wünschte sich ernsthaft, dass alle Menschen im Land, die noch nicht ans Chan glaubten, ihren Ursprünglichen GEIST verstehen lernten. Ursprünglich hat jeder die gleiche Quelle des großen Lichtes, dass glanzvoll und universell erstrahlt und durchdringt, und zwar heute so wie damals, genau wie die Lampe von unerschöpflichem Licht, von der vor langer Zeit Vimalakîrti in der Stadt Vaishali sprach.

Ein großzügiger Spender bat mich also, diese Nachschrift zu verfassen, mag man sie auch als überflüssig verspotten.

Shramana Da-Hsiu Cheng-Nien,
Vihâra der Sechs Kammern,
Sung-Dynastie,
im Frühling des Jahres von Hung-An Kuei-Wei

Weitere Titel aus dem Angkor Verlag

Taigu Ryôkan: *Ich spiele auf dem Buddha-Weg.*
Paperback. 116 Seiten. 9,99 €. (E-Book 7,99 €)

Meister des Zen [Sammelband].
Pb. 376 Seiten. 19,99 €. (E-Book 11,99 €)

Enthält die früheren Einzelbände von Menzan Zuihô, Zibo Zhenke, Musô Soseki, Jôshû Jûshin und zusätzliche Texte.

Linji: *Linji Yulu [Rinzai-roku].*
Pb. 9,99 €. (E-Book 8,99 €)

In der Reihe „Zen-Gedichte" sind erschienen:

Band 1
Ko Un: *Zen-Gedichte, was'n das?*
Pb. 9,90 € (Amazon), Kindle E-Book 0,99 €.

Band 2
Dôgen Zenji: *Sanshôdôei.*
Kindle E-Book 2,99 €.

Band 3
Natsume Sôseki: *Haiku.*
Kindle E-Book 2,99 €.

Band 4
Taneda Santôka: *Auch ich bin allein.*
Kindle E-Book 2,99 €.

Band 5
Ozaki Hôsai: *Ich hüte das Buddha-Baby.*
Kindle E-Book 2,99 €.